マインドの教科書

MIND TEXTBOOK

田島大輔 著
苫米地英人 監修

KAITAKUSHA

マインドの教科書

はじめに

本書は「マインドの教科書」となります。

一言で言えば、マインドの使い方を紹介していくものです。

しかし、ここで改めて考えてみてください。

マインドの使い方とはなんでしょうか？

なにしろ、すでに私たちはマインド＝心を使って生活しています。心を使って他人とコミュニケーションを取っていますし、仕事を円滑に進めてもいます。

であるのに、あなたはこの本を手にしました。

その理由はさまざまでしょうが、ひとつ共通することは「もっと心がうまく使えるようになりたい」という思いではないでしょうか？

心を上手に使って悩みを解決したい、あるいは、マインドを効果的に使って効率良く目標を達成したい、といった気持ちが本書を手に取らせたのだと思います。

つまり、今あなたは自分のマインドを上手に使い切りたいと強く思っているのです。

そんなあなたのために私は簡単なテストをしてみたいと思います。

次の絵を見てください。
黒いブロックが５つ集まっていますね。
それぞれの黒いブロックはどんな形に見えますか？

蓋が横になったものやロボットの横顔、機械の部品のようなものが見えると思いますが、まったく意味不明ですね。

しかし、この5つの黒いブロックにはすべて意味があります。昔のブリキ製のロボットの指の形に見えるようなものにも、一つひとつの出っ張りにもちゃんと意味があります。

どうですか？　分かりましたか？

分かった方も、分からなかった方も20ページを見てください。

この形の意味がたちどころに分かるはずです。

そして、一度意味が分かったら、次からはそのようにしか見えなくなります。

さて、20ページには意外なものがあったのではないでしょうか？

「なるほど、まったく気づかなかった」と驚いて感心した人もいれば、「なんだ。そういうこと」と苦笑いした人もいるかもしれません。

しかし、これがマインドの使い方の大きなヒントになるのです。

実は、普段の私たちは、モノを見ているようで意外に見ていないのです。

そして、私がなぜ「黒いブロックを見てください」と繰り返して言ったのか？

これもマインドの使い方と大きく関係してきます。

本書でお伝えするのは、私たちの誰もが持っているマインドをどうやって使えば、人生がうまくいくのかという方法です。

ちなみに、「マインド」とは、心のことだけを言うのではありません。「マインド」とは「脳と心」のことを言います。心と言う曖昧模糊としたものだけではなく、脳という身体的なものの機能も含めて一緒に考えていかなければ、「マインド」を理解して使いこなすことはなかなかおぼつかないのです。

◇誰もが無限の可能性を持っている

人は誰もが無限の可能性を持っています。しかし、私たちが人生で手にできるのはその中のほんの一部です。

それでは、実際に手に入れられるものの種類や内容はどのように決まるのでしょうか？

今よりももっと多くのものを手にすることはできるのでしょうか？

いままで想像もできなかったような結果を出す方法はあるのでしょうか？

その答えはマインドの使い方の中にあります。

そして、マインドを上手に使う技術をコーチングといいます。

ここで少し、コーチングについて簡単に説明しておきましょう。

コーチングは、米国シアトル生まれのルー・タイスという教師兼フットボールコーチが、独立して教育機関を立ち上げ、そこで体系化したものを源流としています。そのため、ルー・タイスは、コーチングにおける元祖コーチと言える人です。

彼のコーチングメソッドは、１９７０年頃からビジネスの世界で使われるようになり、その時々の科学者が発見した知見を取り入れながら、精緻に理論化され、より再現性が高いものに改良が加えられて提供されてきました。

ルー・タイスのコーチングメソッドは、その使いやすさと効果の高さから、世界の6大陸60カ国で多様な言語に翻訳され、650万人以上の人が受講して、大きな成功を収めています。

米国では、経済誌『フォーチュン』の企業番付であるフォーチュン500に名を連ねる代表企業の62％に採用されてきました。また、米国各州政府、NASA、警察、刑務所、小中高等学校、大学などの教育プログラムにも使用されてきました。さらに、オリンピックチームやプロのスポーツチームにも導入され、数々の目覚ましい結果を残しています。

例えば、オリンピックで人類最多の23個の金メダルを獲得した米国水泳選手のマイケル・フェルプスもルー・タイスのメソッドを取り入れたことで前人未到の大記録を残しました。

本書で紹介するコーチングメソッドは、そのルー・タイスが40年掛けて全世界に展開してきたプログラムを、認知科学者の苫米地英人博士が最新の認知科学の知見を取り入れて再構築したものです。

日本では、TPIE（Tice Principles In Excellence）というプログラムで提供されています。そのTPIEのプログラムの内容を踏まえながら、元祖コーチであるルー・タイスと、その後継者の苫米地英人博士から直接伝授された内容も取り入れながら、分かりやすく、そして実践できる形で本書にまとめました。

本書の構成は、ルー・タイスが体系化した21個の「マインドの原則」を中心にして、マインドの知識や技術をお伝えし、マインドが上手に使えるようになる50個の実践ワークを取り入れた、レッスン形式となっています。また、巻末には、コーチングをより詳しく学びたい方のために、コーチング用語を50個取り上げて解説しています。

マインド（脳と心）は誰もが持っているはずなのに、その使い方は学校でも会社でも教えてくれないものです。

本書が皆さまの「マインドの教科書」となることで、マインドに対して興味を抱き、実際にマインドが格段に上手に使えるようになって、ご自身の人生、そして周囲の人たちの人生がより豊かで幸せになることを願っています。

目　次

レッスン

LESSONS

レッスン1――目の前にあるのに見えないもの
〜ロックオン&ロックアウト〜

マインドの原則①

マインドを変えないと、自分の人生を生きられなくなる。

◇すべての活動はマインドを使って行われている

これから皆さんにお伝えする内容は大きく分けて2つあります。

1つは、なぜマインドを変えることを勧めるのか、その理由についてです。

もう1つは、どうやってマインドを変えるのか、その方法についてです。

マインドとは「脳と心」のことを言います。

物理的な脳も、脳が何かしらの情報処理をして生じている心も、それぞれ別々に存在しているわけではありません。

物理的に表現する時は「脳」、情報的に表現する時は「心」と、同じものを違う視点から言っているに過ぎません。そこで、本書では「脳と心」を一つのものとして、マインドという表現をしています。

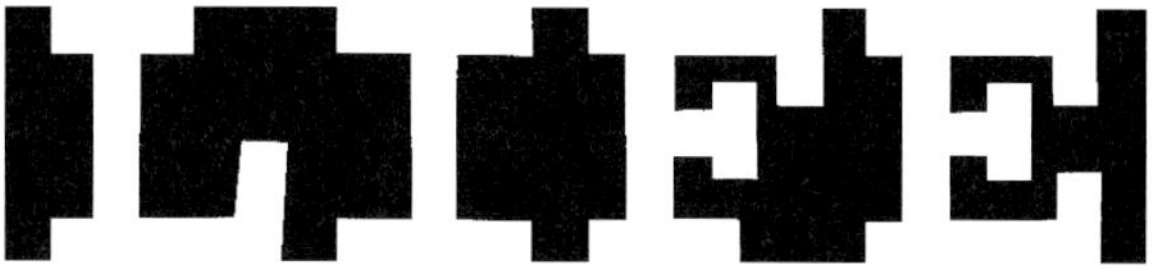

私たちの活動はすべてマインドを使って行われています。

そのため、活動の内容や結果を変えるためには、まずマインドを変える必要があります。

ところが、その一方で多くの人が、マインドを変えることを恐れます。

なぜなのか？　といえば、それこそがマインドだからです。この意味は本書を読み進めていくうちに理解できていくと思います。

では、さっそくマインドを変える科学的方法について触れていきましょう。

◇誰かに見えるものを決められている

本書の「はじめに」であなたに１つのテストをしてもらいました。

それが上の図です。

黒い凸凹のブロックが５つ並んでいるだけで、意味はよく分かりません。

しかし、この図の上下に黒い線を引いてみるとどうでしょうか？

今度ははっきりと「ＬＩＦＥ」という白い文字が見えたと思います。これを理解した状態で、もう一度前のページに戻ってみてください。どうですか？　今度は「ＬＩＦＥ」と見えているはずです。

なぜ、こんなことが起きているのかといえば、最初の段階で「黒い形を見てください」と私が条件づけをしたからです。このような認識や行動に影響を与える条件づけを「コンディショニング」といいます。コンディショニングによって、あなたは「黒い形」にロックオンしてしまったのです。と同時に白い部分をロックアウトしてしまいました。そのため、「ＬＩＦＥ」の文字が認識できなかったのです。

私たちのマインドは何かにロックオンすると、それ以外のものがロックアウトされるという働きを持っています。これを「ロックオン＆ロックアウトの原理」と言います。ひとつのものごとに注目する（ロックオン）と、他のモノが認識できなくなる（ロックアウト）作用のことです。

いつも私たちのマインドは何かに、ロックオンしています。それは同時に何かをロックアウトすることでもあります。

ということは、私たちは目の前にあるのに、ロックオンの仕方によって、見えたり、見えなかったりすることがあるのです。

しかも、ここで注意しなければいけないのは、そのロックオンしたものが自分で決めたものとは限らない、ということです。

さきほどの「ＬＩＦＥ」の例のように、「黒い形に注意して見てくださいね」と言われてしまうと「ＬＩＦＥ」の文字は見落としてしまいます。

同じように、「あなたにはそれは難しいんじゃないですか？」とずっと言われて育ってきたらどうでしょうか？

もちろん、この言葉を言った人には悪気はなかったでしょう。むしろ、善意で言っていることのほうが多いと思います。

しかし、だからこそ、私たちはそこにロックオンしてしまうのです。そして、自らの可能性を知らず知らずのうちにロックアウトしてしまいます。

これこそがマインドを変える必要がある理由です。誰もが「ＬＩＦＥ」の文字のように、自分の人生（ＬＩＦＥ）を見えなくしている可能性があるのです。

◇見えないものの中にチャンスがある

あなたはいままでに「あなたには何ができる」や「あなたは何をすべき」といったことを親や先生や上司などから言われてきたと思います。誰かに言われたその内容をもしも受け入れてしまっていたら（大抵は受け入れています）マインドはそのことにロックオンして、言われたこと以外の可能性をロックアウトしてしまいます。つまり、認識の盲点ができてしまうのです。

この盲点のことを、ギリシャ語で「スコトマ（Scotoma）」といいます。

スコトマは、視覚にも聴覚にもあります。

味覚や、嗅覚、そして触覚にもあります。

情報にもあります。

たとえ大切な情報であっても、マインドの使い方によって「スコトマ」が作られてしまいます。

そして、このスコトマに隠れて認識できていなかったものの中にこそ、新しい可能性やチャンスはあるのです。

マインドが何かにロックオンしていると、もっと簡単な方法やより良い選択肢があっても、「ＬＩＦＥ」の文字と同じようにその方法が見えなくなります。たとえ目の前にあってもスコトマに隠れて見えないのです。

逆に言えば、スコトマを外して、隠れているものが見えるようになると選択肢やチャンスが大きく広がり、人生を変えることができます。今は見えていないほかの選択肢が見つけられれば、人生はより楽しいものになるでしょう。

実は、これは組織においても同じです。

仕事場で上司から「黒い形を見ろ」という指示に従えば、部下は「ＬＩＦＥ」という文字が見えなくなります。

その結果、新しいビジネスチャンスや新しい仕事のやり方を見つけることができなくなります。

私たちには誰にでもスコトマがあります。それを自覚して「他に何かを見逃していないか？」と自問することは、個人にとっても組織にとっても、とても重要なことです。

また、スコトマができることと、才能や知性はほとんど無関係です。マインドがどのように働くのかを知って、その知識を活用すればスコトマを外すことは難しいことではありません。

マジックにも種があるように、ストコマを外すにも方法があるのです。

次ページにスコトマを外すためのワークをいくつか用意しました。

まずはあなた自身のスコトマを外すためにぜひ取り組んでみてください。

★実践ワーク

各レッスンの終わりには、学んだことを確認したり、日常ですぐに実践できるワークを用意しました。ワークを行う毎に、マインドの使い方が上手になるように設計されています。リラックスしながらワークに取り組んでみましょう。

1　ロックオン&ロックアウト

私たちは、何かに注目する（ロックオン）と、他のモノが認識できなくなり（ロックアウト）、認識の盲点であるスコトマができる、というマインドの働きがあることを学びました。これから、ロックオンするものをコントロールしていく必要があります。ここでは、ロックオンについて理解を深めましょう。

①良いロックオンにはどんなものがありますか？（例）試験前は勉強に集中する

（　　　　　　　　）（　　　　　　　　）（　　　　　　　　）

②良くないロックオンにはどんなものがありますか？（例）車の運転中に携帯電話を見る

（　　　　　　　　）（　　　　　　　　）（　　　　　　　　）

２　誰が自分のマインドを形作ったのか

私たちのマインドは自分で作り上げてきたのではなく、他の誰かに形作られてきました。他の誰かに与えられた人生ではなく、自分の人生を生きるためには、まずは他人が自分に与えてきた影響を認識することが大切です。

①いままでに、自分の人生に大きな影響を与えてきた人は誰と誰ですか？　何人でもいいので挙げてみてください。

（　　　　　　）（　　　　　　）（　　　　　　）
（　　　　　　）（　　　　　　）（　　　　　　）

すべての人を挙げられなかったかもしれませんが、これらの人たちから自分のマインドが形作られてきたのです。

②その人たちから受けた影響にはどのようなものがありますか？

影響を受けた人	影響を受けた内容
（　　　　）	（　　　　）
（　　　　）	（　　　　）
（　　　　）	（　　　　）

いままでのあなたの人生は、このように他人から大きな影響を受けて作り上げられてきたのです。

③他人から「あなたには○○はできない」「あなたは○○をすべき」と言われたことにはどのようなものがありますか？

できないと言われたこと

（　　　　）

すべきだと言われたこと
（　　　　　　　　　　　　　　　　　　　）

その言われた内容を受け入れてきたとしたら、そのたびに自分の可能性に制限をかけてきたのです。

3　自分の人生は自分で作る

仮に自分のマインドを大きな容器だとしましょう。その容器の大きさや形状はほかの人が形作ってきたといえるでしょう。

しかし、その容器はどこまでいっても他人が作ったものです。自分がしたいこと、やりたいことを収めるには、大きさや形状が合わないこともあるでしょう。

それに気づいた場合は、あなたのマインドの容器を作り直す作業が必要です。そのためには自分にかかっている制限を外して、未来に起こしたいことを考えてみましょう。

①未来に起こしたいことはなんですか？　次の視点から挙げてみましょう。

・失敗しない保証があったら、どんなことをやりたいですか？

（　　　　　　　　　　　　　　　　　　　　）

・死ぬまでにやっておきたいことはなんですか？

（　　　　　　　　　　　　　　　　　　　　）

・必要なお金も、時間も、リソースもすべて手に入るとしたら何を叶えたいですか？

（　　　　　　　　　　　　　　　　　　　　）

すぐに答えが出てこなくても問題ありません。大切なのは、制限を外して考えてみることです。時々、これらの質問を自分に投げかけるようにしてみてください。

②実現したいことを書いたリストを作ってみましょう。

・紙やノートを用意します。書いたことは何でも叶う紙やノートだと思って書いてください。
・誰かに見せる前提で書くと本音が出てこなくなりますので書いたリストは秘密にします。
・できるかどうか、方法を知っているかに関係なく、本当に自分で実現したいと思うことを書き出します。
・日々この実現したいことのリストの項目を増やしていきます。
・まずは100個挙げることを目指してみてください。もちろん、200個でも300個でもいくらでも望んで良いのです。

あとのレッスンで、ゴール設定の方法について本格的に学んでいきます。その際のベースとなりますので、ぜひ、実現したいことのリストを作ってみてください。本当に叶うのですから。

レッスン2——未来を創るためにマインドを広げる
〜スコトマとRAS〜

マインドの原則②

自分の未来は、自分でコントロールする。

◇脳は上手に手抜きをしている

前のレッスンで学んだことは、私たちには誰にでも認識の盲点であるスコトマがあり、今は見えていないたくさんのチャンスが目の前にあるということでした。

今回のレッスンでは、そのことを脳の仕組みから学んでいきましょう。

人間が知覚できるものは非常に限られています。音にしても高周波や低周波は聞こえませんし、紫外線は目で見ることはできません。レッスン1で学んだように実際に目の前にあっても、スコトマによって見えなくなっているものもあります。

それでは、なぜスコトマができるのかを脳の仕組みからみていきましょう。

脳には、レティキュラー・アクティベイティング・システム（Reticular Activating System＝網様体賦活系）というフィルターシステムがあります。略してＲＡＳ（ラス）ということにしましょう。

このＲＡＳの働きは、必要な情報を認識し、必要のない情報はロックアウトすることです。情報のロックアウトは脳にとって必要な働きです。なぜならば、すべての情報を認識しようとすれば、脳はあっという間に機能停止状態に陥ってしまうからです。

例えば、「カクテルパーティー効果」というのもＲＡＳの働きによるものです。

立食パーティーでは会場全体がザワザワ騒がしい状態です。そういう中で、となりの人や目の前の人と会話が成立するのは、必要な声を選択的に聞き分けているからです。

このような選択的に自分にとって重要な情報を取捨選択するフィルターの役割をするシステムがＲＡＳです。

それでなくても脳は非常に多くのエネルギーを消費する器官です。もしも、五感で知覚した情報をすべて処理しようとすれば、瞬時に食事で得ているエネルギーを超えてしまうでしょう。

人類の進化の中で、消化器官に比べて、脳はずっと速く進化してしまったのです。

そのため、脳はＲＡＳによって上手に手抜きをしながら、目の前の世界をすべて認識しているかのように調整しています。

つまり、私たちはもともと見ているようで見ておらず、聞いているようで聞いていないことがたくさんあったということです。

しかし、それは悪いことではありません。RASがあるお陰で、私たちは椅子に座って何かを考えたり、本を読んだり、映画を観たり、誰かの話を聞くことができるのです。もしRASがなければ、五感に押し寄せてくる膨大な情報によって頭がパンクしてしまいます。

RASによってスコトマを作り出し、物事に集中できる状態になれることは決して悪いことではありません。

ただし、RASによって何か特定のことだけに集中してロックオンしていると、新しいチャンスやこれから必要となる情報がロックアウトされて見えなくなってしまいます。

そのため、RASを上手に働かせてスコトマを外していくことが大切になってきます。

◇世界は自分が重要だと思うものでできている

どうやったらRASを上手に働かせることができるのかを考えてみましょう。

RASは無意識に情報の選別を行っています。

その選別される情報には2種類あって、「価値あるもの（value）」と「脅威となるもの（threat）」です。

価値あるものとは自分が興味を持っているものです。仕事に関係する話題であったり、趣味に関係する道具などは意識していなくても耳に飛び込んできたり、目についてしまうものです。脅威となるものとは身の危険に直結するものです。

つまり、この2つが自分にとっての重要な情報です。

私たちは、たくさんの情報の中からこの2つを選別し、その他の情報をスコトマにしていくのです。

実はこれが通常、私たちが見ている「世界」です。RASによって重要だと判断された情報だけで成り立った世界のことです。

ですから、同じ景色を見ていても、人によって見え方は変わってきます。女子高生が見る世界と、40代のビジネスマンが見る世界は同じではないということです。これは比喩で言っているわけではなく、実際に見えているものが違うのです。

その世界を「リアリティ」といいます。

例えば、渋谷の街に立った女子高生が見るリアリティはファッションの街というところでしょうか。一方、40代のビジネスマンが見るリアリティはまったく違います。彼が不動産業の人であれば、地価や空室率といった観点から街を見るでしょう。

すると、女子高生にとって「素敵な街」は、ビジネスマンにとっては「店舗の入れ替えが早い街」と映って見えるかもしれないのです。

スコトマが人それぞれあるようにリアリティも人それぞれなのです。

では、このリアリティはどのように作られていくのでしょうか？

それは「昨日までの自分が重要だと判断していたもの」によって作られます。

女子高生にとっての重要な世界とはファッションであったり、音楽であったり、同性の目であったり、異性の目であったりします。

しかし、女子高生がなんらかの理由で学校を辞め、いきなり社会人になったとしたら、どうでしょうか？　ファッションや音楽といったこれまで重要だと思っていたものは変わってしまうかもしれません。

その途端、渋谷の街の風景は変わるのです。仕事中のビジネスマンにとっても同じで、転職すれば渋谷の街の景色は変わるのです。

逆に言えば、自分にとっての重要なものを変えれば、見える風景もガラリと変わり、リアリティも変わるのです。

◇重要なものを変えるためにゴールを設定する

重要なものが変わらなければ、ずっと「リアリティ」は変わらないままです。

それでは、どうやったら重要なものを変えられるのでしょうか？

その答えは新しいゴールを設定することです。

新しいゴールを設定すると、なぜリアリティが変わるのかというと、RASによって認識する情報が変わり、見える景色が変わるからです。

例えば、新しい車を買おうと決めたとしましょう。すると、あなたは車に関する情報を積極的に入手するはずです。街を歩く時も無意識のうちに車関係の情報を追うようになり、「あ、こんなところにカーディーラーがあったんだ」と新たな発見をするでしょう。いままで何度もそのカーディーラーの前を通っていたのに、車を買おうと思う前は気にもとめなかったのです。

これは、新車をゴール設定したことによって、新車が重要なものとなり、RASがそれに関連する情報を拾うようになったからです。

このようにリアリティを変えるには、まずゴールを設定することが大切です。

ただし、ただ新しいゴールを設定すれば、それでいいわけではありません。

なぜなら、ここで変えたいのはマインドだからです。新しい車や新しいバッグが欲しいというゴールであれば、それに関する情報は入ってくるでしょう。

しかし、人生を変えるためにマインドを変えるという目的であれば、ただゴールを設定するだけでは足りません。というのもあなたにとっての重要性が変わらないからです。現在自分が重要だと思っているものを基準にゴールを設定しても、見えるものは大して変わらない、ということです。

ここはとても重要な部分で、新しいゴールであればなんでもいいわけではないのです。ゴールを設定する時には、「現状からかけ離れた大きなゴール」を設定することが不可欠です。「現状からかけ離れたゴール」を設定することで認識できる範囲が大きく広がり、いままで気づかなかったチャンスや情報に気づくことができるようになります。

ですから、まずは現状からかけ離れたゴールを設定してください。

「現状からかけ離れたゴール」とは、どうやって達成できるのかも分からないようなゴールです。こういうことを言うとよく「やり方も分からないのにゴールを設定しても無意味だろう」と言う人もいます。

しかし、やり方が分からないのはスコトマがかかっているから分からないのです。このスコトマを外すには「やり方が分かるゴール」では逆にダメなのです。やり方すら分からないゴールを設定することによって、初めてRASを通す重要なものが変わります。RASの重要度の設定が変われば、リアリティも変わり、世界も変わるのです。

ゴールはこのように設定します。ゴール設定によって、自然とマインドが可能性を広げる方向にしていくのです。

ゴール設定の仕方は、自分の世界を変えてしまうほど重要なものなのであとのレッスンでも詳しく解説していきます。

◇責任を感じていないものは認識できない

もう一つ、RASを有効に働かせる方法があります。それは、自分の責任範囲だと認識することです。

例えば、両親と赤ちゃんが川の字に寝ているとします。赤ちゃんがぐっすり寝ていれば、お母さんもゆっくり眠れます。しかし、赤ちゃんがかすかな声で泣きだした途端、お母さんは真夜中でも目を覚まして赤ちゃんをあやします。

一方、お父さんはどうかというと大抵の場合寝たままです。一瞬、起きるかもしれませんが、お母さんに任せて寝てしまうことのほうが多いでしょう。

なぜ、お母さんは起きて、お父さんは寝たままなのか、といえば、赤ちゃんの泣き声に関する情報の価値が違うからです。

お父さんは心のどこかで責任がないと考えているのでしょう。夜中に赤ちゃんをあやすのは、父親の仕事ではないと思っているのです。「自分の担当外だ」と。

しかし、お母さんが不在で、お父さんが添い寝をすることになれば、お父さんも赤ちゃんの泣き声でちゃんと目覚めます。

このように、何か新しいゴールを設定しても、自分の責任の範囲外だと無意識に捉えているものに対しては、RASは有効に働きません。自分のことでも、家庭でも、職場でも同じです。

責任を放棄すると、認識できません。

ですから、何かを成し遂げたいなら、責任を持ち、求めるものを明確にして、ゴール設定する必要があります。自分で探し求めないと、RASは有効には働かない、ということです。

◇自分の未来は自分でコントロールする

現在のリアリティを変えなければ、昨日と同じものしか見えません。昨日と同じものしか見えなければ「人生はこんなものだ」と思うでしょう。

しかし、マインドの仕組みを上手に使えば、必要なものを認識できるようになり、未来をコントロールできるのです。

日々、未来への万全の準備をしましょう。探しているゴールに向けて準備をするのです。

その準備として、マインドの仕組みと、その上手な使い方を知り、将来必要となるものが見える自分にしていくのです。

自分のマインドを変え、未来は自分でコントロールするのです。

★実践ワーク

今回のレッスンでは、脳には認識できる情報を決めるＲＡＳというフィルターシステムがあることを学びました。このＲＡＳを上手に使いこなすことが、自分の未来をコントロールするための鍵となりますので、その機能について理解を深めていきましょう。

１　ＲＡＳとゴール設定

ゴールを設定すると、ＲＡＳによって認識できるものが変わることを身近な例で体験してみましょう。

①今日か明日、駅や目的地に行くまでに「赤いモノ」をできるだけ多く見つけて、数えてください。外出しない場合は、家や部屋の中にあるものでも大丈夫です。いままでは認識できていなかった「赤いモノ」がたくさん見つかるはずです。これは「赤いモノを探して数える」というゴールを設定したことで、ＲＡＳが「赤いモノ」を認識にあげるようになったためです。

②次の日は、「青いモノ」をできるだけ多く見つけて、いくつあるか数えてみてください。いままで気づかなかった「青いモノ」が見えてきたはずです。しかし、今回は昨日見えていた「赤いモノ」には気づかなかったかもしれません。

③その次の日は、自分で決めたものを探して、いくつあるか数えてみましょう。「緑のモノ」でも「看板」でも「消火器」でも、自分が欲しい物に関係する情報でも構いません。いままで気づかなかった「そのモノ」が見えてきたはずです。

このようにして時々、自分で探すものを決めて、RASとゴール設定の関係を体感してみるといいでしょう。いかに自分が認識できていないものがたくさんあるのかと、ゴール設定の重要性を思い出すことができるはずです。

2　RASによって認識している世界

RASは重要な情報だけを認識にあげます。その重要なものは、たいていは過去に重要だったものです。目の前の世界を変えていくには、重要なものを変えていく必要があります。自分の重要なものについて改めて考えてみましょう。

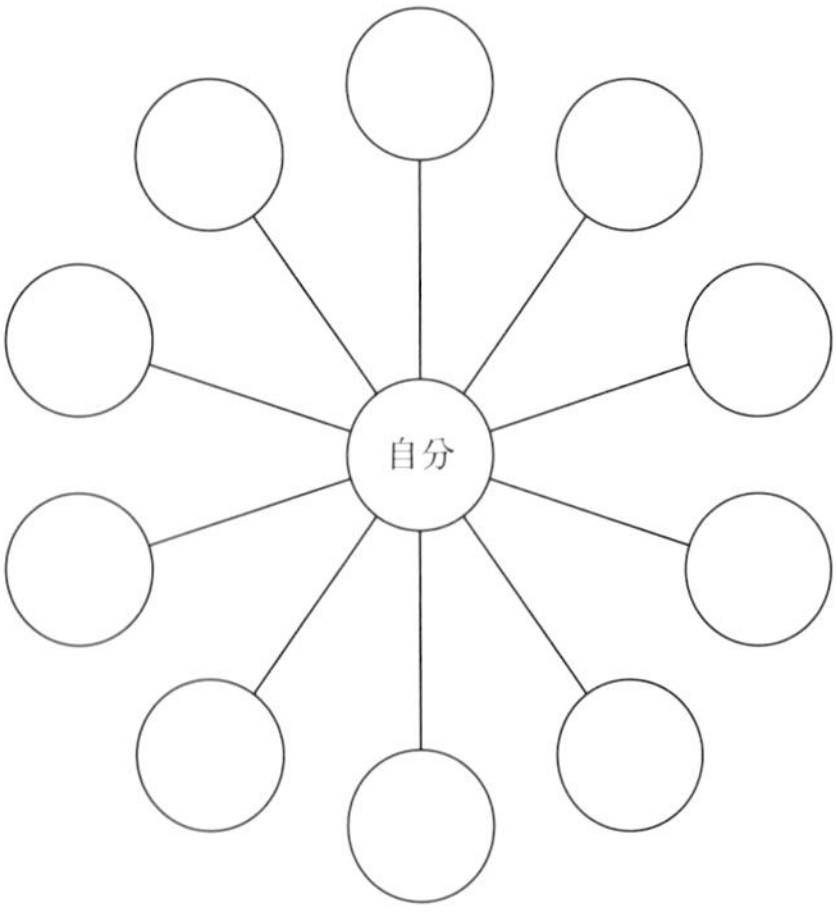

①前ページの図の○の中に、現在の自分にとって重要なものを思いつくままに入れてください。○が足りない場合は、自分で線を伸ばして付け足してください。
②未来における理想の自分の姿をイメージしてみてください。①で書き出した項目の中で、未来の自分にとって重要ではない項目があれば×をしてみてください。
③今は重要でないけれど、未来の自分にとって重要なものがあれば、赤字などで付け足してください。

自分にとって重要なものを変えるだけで、自分というものが大きく変わることが体感できたのではないでしょうか？

私たちは自分にとって重要なものでできあがった世界にいます。その世界は一人ひとり異なるのです。ほかの誰とも同じリアリティの世界には住んでいません。そして、自分にとって重要なものを変えると世界は変えられるということです。

3　RASと責任意識

RASは、責任意識がないものには働きません。つまり、自分の責任の範囲外だと思っているものにはRASは有効に機能しないのです。自分の責任意識について改めて考えてみましょう。
①どんな分野に責任をもって取り組んでいますか。職業、家族、健康、社会貢献、趣味、お金・・・。

分野ごとに自分の役割があるかもしれません。自分が責任を持って取り組んでいる分野や役割を書いてみてください。

（　　　　　　　　　　　　　　　　　　　　　　　）

②これから新たに責任を持って取り組みたい分野や役割を書いてみてください。

（　　　　　　　　　　　　　　　　　　　　　　　）

③どのレベルに対して自分は責任意識を持っていますか。○を付けてみてください。

自分・家族・組織・コミュニティー・住んでいる市区町村・住んでいる都道府県・住んでいる国・他の国・世界・宇宙・その他（　　　　　　）

自分が責任意識や当事者意識を持っていないものにはＲＡＳは働かず、それに関連する情報は認識することができません。より多くの情報を認識できるようになるためには、責任意識を持つ分野や役割や対象を広げていく必要があるのです。

レッスン３――無意識はどのように働くのか
～情動記憶があなたを作る～

マインドの原則③
ゴールを維持し続け、無意識の判断と無意識の行動を変える。

◇人生を変えるためには無意識を変える

ここまでの話で、マインドを変えなければ、非常に狭い限定された世界で生き続けることになる、ということが分かってきたのではないでしょうか。

このレッスンでは、マインドの中の何を変えればいいのかを理解するために『無意識』の機能を説明していきましょう。

私たちの『無意識』には、大きく分けて２つの機能があります。

１つ目の機能は、情報を保存することです。リアリティ、情動記憶、真実、信念、自己イメージといった情報が保存されています。これらの情報は、私たちが行動したり判断したりする時の基準となります。

もう1つの機能は、自動的に処理することです。具体的にはハビット（無意識の行動）と、アティテュード（無意識の判断）があります。

『無意識』に保存されている情報や自動的に処理される内容が変わらなければ、私たちは同じことを繰り返すことになります。

製品に対する基準が変わらなければ、同じ製品が作り続けられるように、私たちの内側の基準が変わらなければ、人生においても同じことがずっと続くのです。

ですから、人生を変えたいと思った時は、『無意識』に保存されている情報（リアリティ、情動記憶、真実、信念、自己イメージ）や自動的に処理されている内容（ハビット、アティテュード）を変えればいいのです。簡単に言ってしまうと「思い込み」や思考や行動の「くせ」を変えるということです。

それらの内容は、生まれてから成長する過程でいつの間にか身についたものですから、変えることもまた可能なのです。

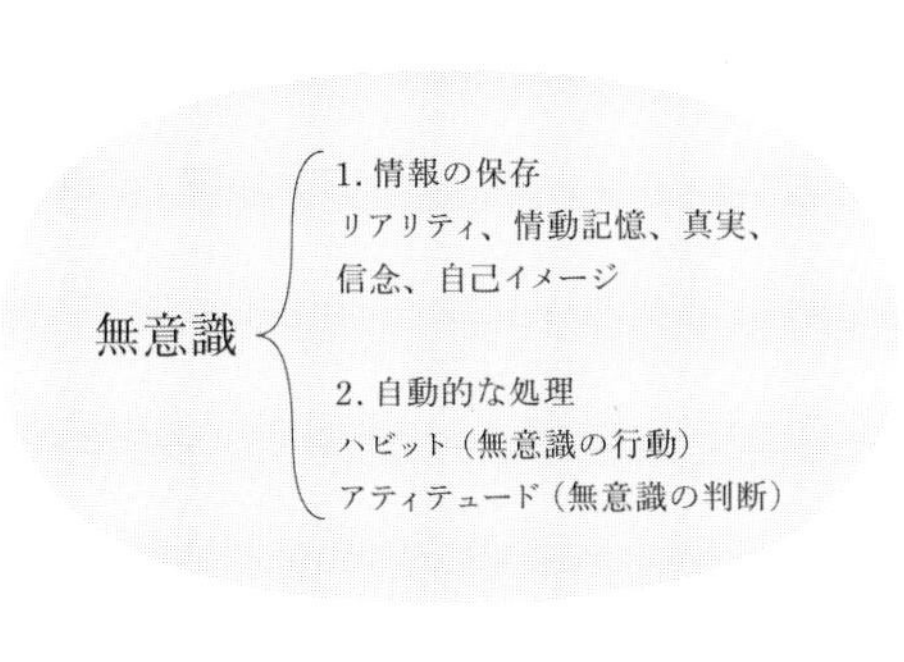

無意識の機能

◇情動記憶が未来の行動を決めている

人間の成長を妨げるものとしては自分が置かれている環境がまず浮かぶと思います。そして、自分を変えようと思った時には初めに環境を変えようとするでしょう。しかし、環境のような自分の外側のことよりも、自分の内側にあるものこそが成長を妨げていることが往々にしてあります。

ですから、自分を変えようと思ったり、成長しようと思ったら、自分の内側に目を向ける必要があります。私たちの『無意識』に保存されている「情動記憶（Emotional History）」、これがその内側の代表的なものの1つです。

それでは情動記憶とは何でしょうか？

情動とは感情のことで、失敗したこと、怖かったこと、辛かったこと、嬉しかったこと、楽しかったことといった感情を伴った記憶を情動記憶といいます。

特に、恥ずかしかった体験、悲しかった体験、痛かった体験などの強い感情を伴った情動記憶は、何かを始めようとした時に強い影響を及ぼします。

例えば、失敗や怒られた情動記憶がある場合、「また同じ目にあったらどうしよう？」「もっと嫌な思いをするんじゃないだろうか」とネガティブな思考が生まれてしまい、行動することをやめてしまうことがあります。

逆に、とても嬉しかった体験やすごく楽しかった体験がある場合は、「また楽しい思いができる」と考え、「もっと楽しい思いをしたい」と判断して、積極的な行動を取ります。このように情動記憶によって起こる行動の方向性を「アティテュード」と呼びます。アティテュードはネガティブな情動記憶なのか、ポジティブな情動記憶かによって大きく変わってきます。

つまり、どんな情動記憶を持っているかで、私たちの判断や行動は変わってきてしまうということです。判断や行動が変われば、未来も変わりますから、もしも未来を変えたいと願うのであれば、情動記憶を変える必要があります。

◇ハビットを変えないと同じことを繰り返す

もう1つの『無意識』の機能である「ハビット」も見ていきましょう。

前述のとおり、「ハビット」は自動的に処理する機能で、一言で言ってしまえば「慣れ」や「習慣」です。

子どもの頃は自転車に乗るのが難しくて、乗れるようになるまで何度も練習しますが、一度乗れるようになると「ハンドル操作や重心がどうか」と意識するまでもなく、パッと乗れるようになります。服のボタンをとめるのもそうです。最初のうちは上手にできませんが、慣れてしまえば無意識にできます。

これは仕事も同様で、新人の頃は難しかった仕事も2年3年とやっていくうちに慣れ、意識しなくてもできるようになります。ですから、「ハビット」は私たちが生きていく上で、とても重要なものです。しかし、「ハビット」は諸刃の剣です。無意識のうちにできてしまうということはいままでどおりのものはできる反面、いままでどおりのものしかできないことでもあるからです。

本当はもっと良いやり方があるかもしれませんし、もっと上手にもできるかもしれません。しかし、身についた「ハビット」によって、それらを無意識に排除してしまっている可能性が常にあるのです。

習慣化するのはとても重要なことです。しかし、一方で習慣になった流れに身を任せたままでは、過去に達成した以上のものは得られません。

もっと良くなりたい、もっと多くのものを手に入れたいと思うなら「ハビット」として習慣になってしまった流れを変える必要があるのです。

◇ゴールを維持し続けハビットとアティテュードを変える

このレッスンでは、「ハビット」と「アティテュード」について学んできました。それぞれ

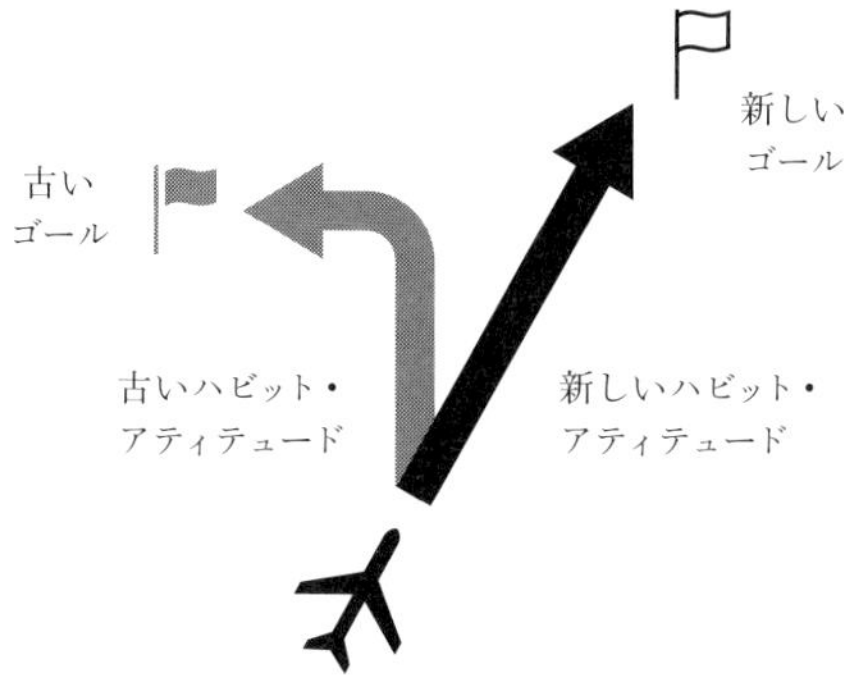

ゴールとハビット・アティテュード

に良い面、悪い面はありますが、最も重要なのは私たちの「ゴール」です。

『無意識』が自動的に処理してくれることによって私たちの生活は効率良くなっていきます。一方で、それは慣れになってしまい、新しい知識や新しい方法に気づかなくなってしまったり、気づいてもいままでのやり方を変えるのを恐れたり、億劫がったりするようになることもあります。

しかも、その恐れたり、億劫がっている自分を自覚していないことすらあります。自分は正しいことをしている、この知識と経験で間違いないと思い込んでいることが一番怖いのです。

当然、この状態に陥ってしまったら、代わり映えがしない毎日を過ごすことになり、人生はそのままです。そればかりか退化してしまうことにもなるでしょう。

この状態を打破するにはどうすればいいでしょうか？

それはゴールを変えることです。現在の「ハビット」と「アティテュード」は、いままでのゴールによって形成されてきました。例えば、早く仕事に慣れて結果を出したいというゴールがあったから、仕事に関する作業が「ハビット」になっていったわけです。ですから、「ハビット」を変えたいのであれば、ゴールを変えればいいのです。

気をつけなければいけないのは、ゴールを変更した直後です。この時期は、どうしても、いままでの「ハビット」や「アティテュード」で動いてしまうことがあります。その結果、やっぱり無理だと思って、新しいゴールを取り下げ、昔のゴールに戻してしまうことがあります。

しかし、これは一時的なことなので、ゴールを取り下げるのではなく、新しく設定したゴールを維持し続けて「ハビット」と「アティテュード」を変えていきましょう。

これは、初めて乗る自転車のようなもので、最初のうちはどうしてもぎこちない行動や余裕のない判断をしてしまうことがあります。しかし、何回か転んでいくうちに乗れるようになっていくのと同じで、新しいゴールに慣れていけば、次第に行動や判断は洗練されていき、無意識にできるようになります。

そうやって、新しい「ハビット」や「アティテュード」が出来上がれば、それらを繰り返すたびに自然とゴールに近づいていくことができます。

なんのストレスもなく、無意識に思考や行動ができる状態をフリーフローといいます。フリーフローでゴールに向かうことができれば、毎日が楽しくなっていきます。

★実践ワーク

人生を変えるには『無意識』を変える必要があります。それは『無意識』に保存されている情報や自動的に処理されている内容を変えるということです。ここでは『無意識』に保存されている情報のうち「情動記憶」と、自動的に処理されている「アティテュード」と「ハビット」を変えるためのワークにトライしてみましょう。

1　アティテュード（無意識の判断）を点検する

私たちは何かを選択する際、無意識で選んでいます。意識的に選んでいると思っていることさえ、無意識の判断であるアティテュードが関係しています。アティテュードが変わらなければ、いつもと同じものか、いつもとたいして変わらないものを選ぶことになります。

例えば、レストランに行けばいつも同じような食べ物や飲み物を選んでいるでしょうし、クローゼットを見れば、だいたい同じような色やデザインの服ばかりが並んでいます。

私たちの無意識の選択はだいぶ偏っているのです。そこで新しいアティテュードを身につけるために必要なことを考えてみましょう。

①バイキングで好んで取りに行く食べ物は何ですか。反対に避ける食べ物は何ですか？

好んで取りに行く食べ物

（　　　　　　　　　　）

絶対に取らない食べ物

（　　　　　　　　　　）

②現在の「アティテュード」にはどんなものがありますか？
自分の好き嫌いなどの感情によって、無意識に選んだり避けてしまったりすることです。

（例）黒い服ばかり着る

（　　　　　　　　　　）

③変えたいアティテュードにはどんなものがあり、どう変えたいですか？

（例）人前で話すのを避ける→大勢の前でも進んで話せるようになる

（　　　　　　　　　　）

２ ハビット（無意識の行動）を点検する

何度も繰り返すことによって身についたハビットは、効率的に物事を処理するには適しています。一方で、そのハビットがゴールに反するものだったとすると、一向にゴールに近づいていくことができません。そこで新しいハビットを身につけるために必要なことを考えてみましょう。

①現在の「ハビット」にはどんなものがありますか？
日々、当たり前のように行っている習慣や癖など、繰り返し行っていることです。

（　　）

②増やしたいハビットにはどんなものがありますか？　（例）食後に散歩をする

（　　）

③減らしたいハビットにはどんなものがありますか？　（例）夜にお菓子を食べる

（　　）

3 ポジティブな情動記憶を作る準備

私たちの情動記憶の大半はネガティブなものです。そのネガティブな情動記憶が、新しいチャレンジの妨げになっています。それに対抗するためには、ポジティブな情動記憶をしっかりと味わい、増やしていくことが必要です。ポジティブな感情の代表的なものには「嬉しい」「楽しい」「気持ちいい」「誇らしい」「清々しい」といったものがあります。ポジティブな情動記憶を増やしていくために次のことに取り組んでみましょう。

①ポジティブな体験を書き出してみてください。

•「嬉しかった体験」を5つ書き出してください。

（　　　　　　　　　　　　　）

（　　　　　　　　　　　　　）

（　　　　　　　　　　　　　）

（　　　　　　　　　　　　　）

（　　　　　　　　　　　　　）

- 「楽しかった体験」を５つ書き出してください。

（　　）（　　）（　　）
（　　）（　　）

- 「気持ちよかった体験」を５つ書き出してください。

（　　）（　　）（　　）
（　　）（　　）

- 「誇らしかった体験」を５つ書き出してください。

（　　）（　　）（　　）
（　　）（　　）

・「清々しかった体験」を5つ書き出してください。

（　　　　　　　　　　）（　　　　　　　　　　）（　　　　　　　　　　）

（　　　　　　　　　　）（　　　　　　　　　　）

② ①で書き出したポジティブな情動体験を一つひとつ順番に読んで、その時の感情を思い出し、しっかりと味わってください。ポジティブな感情に目を向けることで、ポジティブな体験にRASが開いて、次第にポジティブな体験が起きやすくなっていきます。ポジティブな体験をストックして、そのリストを増やしていきましょう。

これらのポジティブな情動体験が、未来の新しい情動記憶を作る際に利用できます（レッスン17）。ただし、マインドは放っておくとネガティブな情動記憶を強化するよう働きがちです（のちほど詳しく解説します）。それに対抗するには、日頃からポジティブな情動体験をしっかりと味わうこと、そして、ポジティブな体験にRASを開いて、その体験を増やしていくことです。そうすることによって、前向きな「アティテュード」も身についていきます。

レッスン4――ポジティブな未来への準備
～人は過去に生きている～

マインドの原則④

人は知覚しようと意識しているモノしか、見えないし聞こえない。だから、誰の言葉を聞くのかという問題をしっかり意識する必要がある。

◇自分の人生は自分の内側から変える

人生を変えたいと思った時に、変化の拠り所を、自分の内側と外側のどちらに求めるのかというのも重要なポイントです。

例えば、自分に運が回ってくることを期待して待っているような人がいます。高額な宝くじが当たったり、実は会ったこともない大富豪の親戚がいてその遺産をある日突然相続することになって大金持ちになる、というようなことを期待する人たちです。

そういうことがまったく起きないとは言いませんが、もしそれで人生が変わっても自分の外側から起きたことで、自分の内側から起こしたことではありません。

そして、そのように外側から突然大金持ちになったとしても、たいていは散財してお金を使い尽くすか、人間関係が破綻して、悲惨な結果をたどることになります。

ですから、自分の人生は内側から変えていく必要があります。

では、自分の内側を変えるにはどうすればいいのでしょうか？

ここで重要になってくるのがリアリティという考え方です。

リアリティとは『無意識』に保存されている情報のうちの１つで、自分が最も臨場感を感じている世界です。

このリアリティですが、自分の内側にあるリアリティと外側にあるリアリティの２つがあります。

もしあなたが仕事や収入や人間関係を変えたければ、内側にあるリアリティを変える必要があります。このことの理解を深めるために「認知的不協和」というマインドの仕組みを紹介しましょう。

◇外側を変えられなければ内側を変えてしまう

イソップ物語の『狐と葡萄』という話をご存知ですか？

次のようなあらすじです。

『ある時、お腹を空かせた狐が歩いていると、高い木にたわわに実ったおいしそうな葡萄を見つけました。狐はそれを食べようとして、懸命に飛び跳ねますが届きません。何度挑戦しても葡萄に手が届かなかった狐は、遂に「どうせこの葡萄は酸っぱくて不味いだろう」という言葉を吐いてその場を去っていきました』

というものです。

最初に葡萄を見つけた時、狐は「おいしい葡萄を食べている」という内側の現実を作り上げました。

そして、その内側の現実に外側の現実を合わせようと葡萄を取るための行動を起こします。しかし、外側の現実を変えることができなかったため、内側の現実を「その葡萄は酸っぱくて不味いから食べられない」というように変えてしまいました。

この狐のように、人は自分の内側と外側のリアリティが一致していないと、不快な感情を持ちます。そして、その不快な感情を解消しようと、内か外、どちらかの現実を変えてしまいます。そのようなマインドの働きを「認知的不協和」といいます。

人は、自分の考え方とは違う意見や現実をなかなか受け入れようとはしません。たとえ良いと思われるようなアイディアであっても、新しいアイディアを突っぱねてしまうものです。それは認知的不協和を解消するためです。

◇人は「自分が信じていることを証明する情報」を常に探している

実は私たちが何かの情報を探す時、真実や事実を追い求めているつもりでも、実際には自分がすでに信じていることを証明するための「情報」を探していることが往々にしてあります。

もしも、自分の意見と相反するような情報が見つかると不快な感情を抱きます。そこでどちらが正しいのか、検証するような情報探しをすればいいのですが、多くの場合、自分が信じる情報に合致するような証拠を探し出して、安心しようとするのです。

自分が信じていることが正しいという情報を手に入れられれば、自分を変える必要はなくなるからです。

具体例をいくつか出しましょう。例えば、あなたは

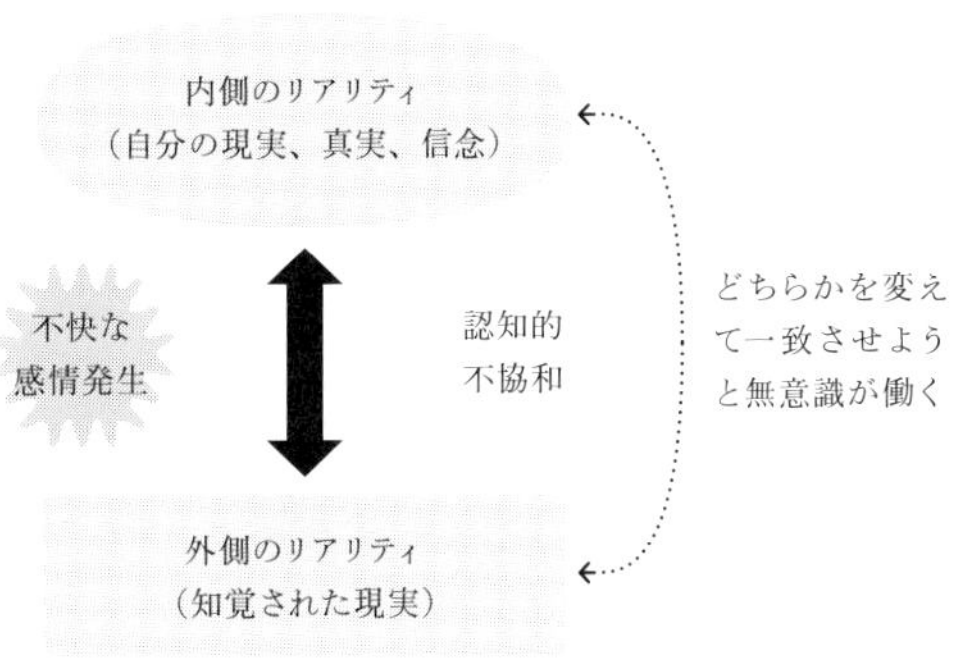

認知的不協和

高額な買い物をしたあとにこのようなことをしていませんか？

買ったものと同じ品物を街で見つけて、「やっぱりみんなもこれをいいと思っている」と安心したり、その品物を良いとしているメディアの記事を探そうとしたりします。これは自分の行動は正しかったと確認できる情報を無意識に探す行為です。大金を払って失敗したとは思いたくないのです。そして、その証拠を見つけるたびに「良かった」と安心します。

買い物をする前にもこういった行動を人はよく取ります。

特にすでに買いたいものを決めている時はそれが顕著で、自分の選んだものが良いものだと思う情報ばかりを探してしまいます。友達や店員に賛同を求めたり、商品の好意的なレビューばかり集めたりして、自分の判断が正しいことを補強して購買行動を起こすのです。

もちろん、これも認知的不協和を起こさないようにするためです。

◇なくなった財布は見えない

これで何が分かるかというと「人間は見ようとしているものしか見ない」ということです。

逆に言えば、見ようとしないと見えないのです。

例えば、出掛ける際に、財布が見つからない場合です。

テーブルや自分のデスクなど、いつも置いてある場所になぜか、その日は財布がありません。

約束の時間は刻々と迫り、すぐにでも出ないと間に合いません。

そんな時、同僚や奥さんが「ここにあるよ」と言ってテーブルの上に置いてある財布を指差すのです。

なんと、いつものところにいつものようにあったのです。

たまたま、その日は出掛けに焦っている状態になり「テーブルは探した。もうここにはない」と思い込んでしまったので、目に入らなかっただけだったのです。たぶん、こういう経験をした人は少なくないはずです。

これが内側のリアリティということです。「テーブルには財布はない」と一旦、思ってしまうと、たとえ〝見た〟としても財布として認識できなくなってしまうのです。

なぜなら、自分にとって「ない」ということが現実だからです。

内側の現実に外側の現実を合わせてしまった結果です。

◇知覚しようという姿勢を持っているものしか、見えないし聞こえない

人間は自分の信念、つまり内側のリアリティに従って、見たり、聞いたりしています。このことはとても重要な意味を持っています。

例えば、

「仕事は辛いものだ」

「5時まで我慢すれば、アフター5は自分の楽しい時間だ」

「平日は苦しいが、週末は楽しい」

という信念を仕事に対して持っている人は、仕事が辛く、苦しく感じるものしか見えなくなります。会社や職場で、楽しいことや喜びにつながることに気づかないようにマインドが働くのです。仕事が嫌だという内側の現実に合わせて、楽しいことがスコトマとなります。

しかも、このような人は、周囲の人に対しても、自分と同じようなネガティブな現実を作るように無意識に働きかけてしまいます。なぜなら、周囲の人もネガティブに感じていないと認知的不協和が起きるからです。

こういった例もあります。

企業の中で成功してきた管理職の人たちは、自分より地位が下の人や若い社員の意見を聞きたがりません。

「自分はこのやり方で成功してきたから正しい」

「自分が責任者だから、私の意見に従うべきだ」

こういう内側のリアリティがあるためです。

しかし、こういう人には新しいビジネスのチャンスや良いアイディアはスコトマになって見えません。そういうアティテュード（姿勢）しか持っていないからです。

問題はここなのです。

部下や同僚を批判的に見ていたら、部下や同僚の良いところは見えなくなるでしょう。

こういう人が先生や親であれば、生徒や子どもを批判的に見るだけで、生徒や子どもの良いところは見えないはずです。

また、他の民族や異なる信仰を持っている人を批判的に見ていたら、彼らの良いところは見えなくなるでしょう。それがその人の内側のリアリティだからです。

このように人間は見ようとするものしか見ません。そして、自分の意見に同調してくれる人だけの話を聞こうとするのです。意見の違う人は避けてしまいます。

そして最も気をつけなければいけないのはその行動は無意識だということです。わざとやっているわけでも意地悪でやっているわけでもありません。すべては認知的不協和を起こさないように自然にやってしまっていることなのです。

内側のリアリティが変わらなければ、私たちの人生は変わりません。そして、内側のリアリティはすべて過去からできています。昨日までの重要なものでできあがっているのです。

しかし、そのままでは過去を生きているのと同じことです。

ですから、一刻も早く内側のリアリティを変えていかなければいけません。

★実践ワーク

自分の人生を自分でコントロールしていくためには、変化の基準を自分の内側に持つことが重要です。外側からの変化を期待しているだけでは、ただ単に外側からの刺激に反応するだけの人生になってしまいます。それでは恐怖と不安におびえた日々を送ることになるだけです。マインドの仕組みを知り、自分の内側を高めていくことによって、変化の基準を内側に作っていきます。その方法はこれから学んでいきますので、まずは現在の状態を確認しましょう。

1　自分をコントロールする基準を内側に持つ

どの程度、変化の基準を自分の内側に置いているのかを確認します。

①次の表の項目について、思っているままに○付けをしてみてください。

記入日 年　　月　　日	5 強く そう思う	4 そう 思う	3 分から ない	2 そう思わ ない	1 全くそう 思わない
自分は成長する力を持っている	5	4	3	2	1
自分はやりたいことを実現する力を持っている	5	4	3	2	1
自分は正直に生きている	5	4	3	2	1
自分のやりたいことは自分で決められる	5	4	3	2	1
変わりたいと望めば、いつでも変われる	5	4	3	2	1
選択を迫られた時、他の人の意見に影響されず、自分で決断することができる	5	4	3	2	1
自分の仕事（やっていること）が好きだ	5	4	3	2	1
自分の未来には常に選択肢がある	5	4	3	2	1
うまくいかなかったことがあってもすぐに気持ちを切り替えられる	5	4	3	2	1
新しい考え方や異なる意見に対して、オープンで柔軟な姿勢を持っている	5	4	3	2	1

②各項目に○付けをしたら、今日の日付を書いておき、本書の内容をしばらく実践したあとで、再度確認してみてください。

評価の基準は固定化されたものではなく、変えることができるものです。各項目の現時点での自己評価が1〜4の人も、本書を通じてマインドの仕組みを学び、実践することで評価が上がってきます。評価が上がるたびに、自分の人生は自分でコントロールできているという感覚も高まっていくはずです。そして、いままでより評価が上がっているところがあれば、自分自身の成長を認め、褒めたたえましょう。自分の成長をしっかりと認めることは、自分の内側を高めるために大切なことです。

2　自分の良いところを認める

人間は見ようとするものしか見ません。これは自分自身に対してもいえます。自分はたいしたことない人間だと思っていれば、自分の良いところは見えません。そして、良くないところばかりを見ようとします。自分の気づいていない良さを認めることはとても大事なことです。

①自分の良いところ、好きなところを10個挙げてください。小さなことでもいいです。すらすらと出てきた人も、2〜3個しか思い浮かばなかった人もいるでしょう。

②これから1週間以内に「自分の良いところ、好きなことところを30個探す」という宝探しゲームをしてください。発見するたびに何かに書き留めると良いでしょう。もちろん、30個以上見つけてもいいので、すぐに見つかりそうな人は50個でも100個でも自分で目標の数を決めて探してみてください。「ない」と思っている人はスコトマで見えなくなっているだけなのです。

（　　　　　）
（　　　　　）
（　　　　　）
（　　　　　）
（　　　　　）
（　　　　　）
（　　　　　）
（　　　　　）
（　　　　　）
（　　　　　）

レッスン5——信念がパフォーマンスを決める
～自分を過小評価していないか～

マインドの原則⑤

人間は実際の可能性ではなく、信念のレベルで行動を制御している。

◇一時的に頑張るだけでは元に戻ってしまう

ダイエットなど、一時的に何かを頑張っても元に戻ってしまうのはなぜなのでしょうか？

学校の成績やテストの点数はどうでしょうか？

やはり一時的に上がっても、そのあとが続かないことが多いのではないかと思います。

これには理由があります。

私たちのマインドには『創造的無意識』というものがあり、放っておくと自然に元に戻ってしまう機能をもっています。

このレッスンではこの『創造的無意識』について学んでいきましょう。

まず、大前提としてあるのが『創造的無意識』は、レッスン３で学んだ『無意識』と連携しながら働いている機能だということです。実際に脳にそのような物理的な部位があるわけではありません。ただし、『創造的無意識』という機能を入れてマインドを考えてみると、私たちが普段取っている行動やいつも通りの結果の理由が理解しやすくなるはずです。

『創造的無意識』には次の４つの機能があります。

①リアリティを維持する
②矛盾を解決する
③エネルギーを作る
④目標に向かう

◇マインドは最も楽で自然な行動を取る

『創造的無意識』の１つ目の機能は、「リアリティを維持する」というものです。

レッスン３で紹介したように、『無意識』には「情報」が保存されています。リアリティ、情動記憶、真実、信念、自己イメージといった「情報」です。

『無意識』に保存されているリアリティとは、自分が認識している世界や、自分がどんな仕事をしているのか、どんな家に住んでいるのか、どのぐらい貯金をしているのか、どんな人間で何をしているかといった現状に対する認識です。特に、自分に関するリアリティは自己イメージともいいます。

ですから、自分は「こういう仕事をする人間なのだ」と思い込んでしまうとそういう人間として振る舞います。「こういう家でいいんだ」「こういう年収でいいんだ」「こういう性格でいいんだ」と決めてしまうと、本当は他の可能性があったとしても、その思い込み通りになっていきます。

幼馴染と数年ぶりに会ったら、見た目も性格も変わっていたというのは、会わなかった間の環境に合わせて『無意識』の中のリアリティを変えたからです。

そして、一度リアリティを『無意識』に記録してしまったら、書き換わるまではその通りに振る舞い続けます。本来の自分が何かなどは関係ありません。

マインドは、最も楽で自然な行動を取るように働きます。そして、最も楽で自然なのは、自分のリアリティに従った行動なのです。

過去の経験によって「私とはこういう人間だ」「世

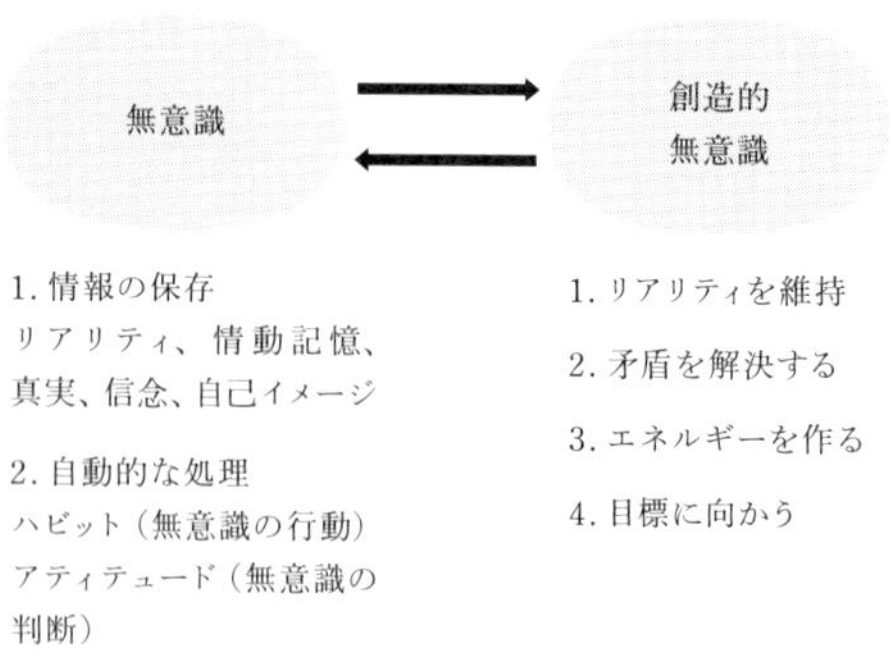

無意識と創造的無意識

の中とはこういうものだ」「これはこうあるべきだ」というリアリティが作られると、自動的にそのリアリティが現実化するような行動を取ります。

「自分は忘れっぽい性格だ」というリアリティを持っている人は本当に忘れっぽくなりますし、「慌て者だ」というリアリティを持っていれば本当に慌てた行動を起こすのです。

人間は、このように自分が認識しているリアリティの通りに振る舞い続けます。これが『創造的無意識』の「リアリティを維持する」という機能です。

では、良いリアリティを持てばいいのか？　というと、それだけではありません。

もちろん、良いリアリティを持つことは大切ですが、リアリティの機能で理解しておかなければいけないのは、リアリティには限界がある、ということです。

良いリアリティだろうと、悪いリアリティだろうと、あなたが決めたリアリティの中でだけしか行動できません。そして、想像できることには限界があり、より良いリアリティは常にスコトマの中に存在しているのです。

つまり、現在のリアリティは常に可能性に蓋をしている、ということも忘れてはいけません。

◇無意識はうまく行き過ぎても気に入らない

次に『創造的無意識』の2つ目の「矛盾を解決する」という機能を見ていきましょう。

『創造的無意識』は、『無意識』に保存されたリアリティを基準に、いつも私たちを観察しています。「自分らしく振る舞っているか」「普段通りなのか」というように、五感を通して、実際の行動や状況について、リアリティを基準に観察しているのです。

そして、知覚した情報と『無意識』のリアリティとが異なれば、その矛盾を解決しようとします。

問題はこれが良いことなのか、悪いことなのか、という点です。

例えば、ある日、銀行に行って預金残高が大幅に減っていたら、あなたはどうしますか？

もちろん、盗まれたとか、そういう話ではありません。たぶん、先月使いすぎたのでしょう。そうなった場合、今月は出費を控えめにしたり、多めに稼いだりして残高を増やそうと決めるはずです。つまり、普段通りの「基準」に戻そうとするのです。

そもそも『無意識』に記録されたリアリティは、自分にとっての「あるべき姿」です。仕事、財産、家族、健康などについて、いまの自分の状態を認識した時、それらが「自分のあるべき姿」より低い状態にあった場合は、内側から創造的な行動が生まれてその間違いを正していくのです。「普段より低いぞ。補充するぞ」と間違いを修正するための行動を開始します。もちろん、これは良い行動です。私たちにとってプラスの行動です。

ところが、無意識の働きは諸刃の剣だとさきほども言いましたように、良い点もあれば、悪い点もあるのです。

それが、いつもの「基準」よりうまく行き過ぎた場合です。

いつもより良い結果が出たなら、「そのまま行こう、上り詰めていこう」と通常思います。ところが、無意識はここでも「普段どおりの基準」を最良と判断するのです。「あなたにはうまく行き過ぎていますから、元に戻しましょうね」という判断です。

判断するといってもこれは無意識が勝手に修正するもので、本人の意思はあくまで「そのまま行こう」なのですが、なぜかブレーキがかかってしまう、ということです。

実際、良い結果が出ると、周囲の人は褒めてくれると同時に次も期待します。そのような周囲からの期待もいつもの「基準」から外れていることでしょう。そして、その期待に応えられるのか？　応えられなかったらどうしよう？　こんなふうに怖くなってしまったり、プレッシャーに耐えられなくなってしまったりして、自然に元に戻ってしまうのです。

こういった『無意識』の自己調整機能を「セルフレギュレーション」といいます。これは後のレッスンで出てくるホメオスタシスの機能とも関連してきますので覚えておいてください。

◇マインドの「基準」がパフォーマンスを決める

いま説明した、「セルフレギュレーション」によって、私たちは同じような結果や成績しか手に入れることができなくなっています。

これをキャンセルできれば、私たちの人生はこれまでの期待以上に進んでいくのですが、「セルフレギュレーション」は思っている以上に強力に私たちに作用します。

例えば、あるサッカーチームがいつも負かされている県内ランク1位の強豪チームと戦ったとします。ところがその日は調子が良くて1点リードの状況となります。あと5分間守りきれば勝利を手にできたのですが、結局逆転されてしまいました。

とてもよくあることです。

しかし、今後、勝ちたいのであれば、考えなければいけません。本当に実力で負けたのか？

そもそも実力もなく、運だけで1点リードの状態になんかなりません。実力はあるのです。

ということを、です。

では、なぜ負けたのか？

皆さんはもうお分かりですね。セルフレギュレーションによってブレーキがかかったのです。自分たちはいつもその強豪チームに負けているチームだという「基準」があり、世間もそう思っている。相手チームもそう思っている中で、勝利を掴みそうになるということは「基準」から外れることであり、「基準」が作り出した居心地のいい普段の環境から出ることを意味します。

人はそれが怖いのです。負けたのは自分たちの基準以上の結果が出そうだったからです。

これが『創造的無意識』による修正行動です。

私たちは、いま言ったセルフレギュレーションによる「基準」で無意識に行動しています。

この基準は、過去の結果や、過去に人から言われたことを受け入れることによって作られます。しかし、過去の結果は過去の結果であって、それがあなたの真の実力ではありません。他人から言われたことにしても、それはその人の感じ方であって、やはりあなたの真の実力ではありません。

問題はそれを受け入れて、それを「基準」にしてしまったことです。

一旦「基準」にすれば、セルフレギュレーションはしっかり機能しますから、「基準」どおりに振る舞う人間になります。

この『創造的無意識』によるセルフレギュレーションはスポーツでも仕事の業績でも、個人でも組織でも同じようにいつも働いています。

だからこそ『無意識』に保存されている「基準」を高める必要があるのです。

◇実際の可能性ではなく、信念のレベルで行動を制御している

セルフレギュレーションの「基準」となっているリアリティの中の１つが「信念（ブリーフ）」です。

さきほど私たちの信念は、情動記憶で作られると書きましたが、ここで言う「信念」とは、自分の体験によって作られた信念と、他者からの言葉を受け入れた結果としての信念との両方

を合わせた内容を意味しています。

例えば、子どもの頃にコーヒーを飲んで、ひどく苦くて嫌な経験をしたというような場合には、体験的な情動記憶としての「信念」ができます。

一方、子どもの頃に母親から「コーヒーは、カフェインが入っていて身体に悪いから飲んではダメ」と叱られたというような情動記憶がある場合には、「カフェインは身体に悪い」という他者からの言葉を受け入れた結果としての「信念」ができあがります。

いずれの信念も、コーヒーを飲まないという行為、あるいは「コーヒーにしますか、紅茶にしますか？」という時に紅茶を選ぶというようなアティテュード（無意識の判断）に影響を与えます。

このような情動記憶によってできた「信念（ブリーフ）」が集まって、無意識の行動や判断を規定するシステムがマインドの中に作り上げられていきます。このシステムを「ブリーフ・システム」と呼びます。

つまり人は、このブリーフ・システムに則った行動を取るようになっているのです。もしも、ブリーフ・システムに合致しない行動、さきほどの例で言えば、「今日はいつもの紅茶ではなくコーヒーを飲んでみよう」と思ってコーヒーに挑戦してみても、「セルフレギュレーション」が働いて、「やっぱりコーヒーは苦いだけだな」となって次からは元の紅茶派に戻ってしまうのです。

ここで重要なことは、「信念」を、つまり「ブリーフ」を変えずに行動を変更しようとしても元に戻ってしまう、ということです。

もしも、その時にいままでの信念を覆すような美味しいコーヒーを飲んだとしたら、今度はコーヒー派に変わることもあるのです。そして、コーヒーは適量なら健康に良い影響を与えるという情報を知って信念が変わることもあるでしょう。そのように信念は変えることもできるのです。

いずれにしても、私たちのパフォーマンスは、実際の可能性ではなく、自分の信念によって決まるということです。その人の信念以上の力を発揮することはできないのです。

人は信念によって困難な状況を打ち破ることもあります。その反面、私たちの潜在能力を限定してしまう作用もあります。もしかしたら、自分の信念によって、自分のことを過小評価していることだってあるかもしれないのです。

それでは、次ページのワークによって、自分にどのような信念があるのか、を確認していきましょう。

★実践ワーク

私たちは実際の可能性ではなく、『無意識』の中にある「信念（ブリーフ）」のレベルでパフォーマンスを制御しています。信念とは、自分や物事や世界などそれぞれについて「こうあるべきだ」と信じていることです。信念は、私たちの基準となって行動を制御します。そして、その基準は常に過小評価して作られたものなのです。ですから、パフォーマンスを高めるためには、自分の内側にある基準を高めることが必要となります。

1　現在の「基準」を確認して、未来の「基準」を引き上げる

①現在の基準を確認する
自分のこと、家族のこと、自分が所属している組織（会社、団体、サークル、コミュニティー）のこと、国のこと、世界のことなどそれぞれのレベルについて、いつも通りだと思う基準をいくつか挙げてみましょう。

②未来の基準を決める
①で挙げた現在の基準をどのように変えたいですか？　新しい基準を考えてみましょう。過小評価しないで新しい「基準」を考えるのがポイントです。

	現在の基準	未来の基準
自分のこと	・ ・ ・	➡ ・ ・ ・
家族のこと	・ ・ ・	➡ ・ ・ ・
組織のこと	・ ・ ・	➡ ・ ・ ・
国のこと	・ ・ ・	➡ ・ ・ ・
世界のこと	・ ・ ・	➡ ・ ・ ・

レッスン6――自分との対話
～セルフトークで自己イメージを高める～

マインドの原則⑥

人間は、自分自身の考えで自分のリアリティを形成する。

◇信念は思考で作られる

このレッスンではいよいよマインドを変える方法をお伝えします。

そして、なぜマインドを変える必要があるのかの理由も付け加えていきましょう。

これまでのレッスンで私たちはリアリティを基準に行動することを学びました。その基準を外れると、セルフレギュレーションによって、行動が調整されてしまいます。

そもそも私たちの行動は、潜在的に持っている能力や可能性に基づいているわけではありません。マインドの中のリアリティに従って行動しているのです。

さらに、リアリティの中の「信念」は、行動だけでなく、認識にも影響を与えています。信念によって自分が重要だと思うことが決まるので、RASの働きに直接影響を与えます。

RASによって、自分が信じていないこと、つまり信念に合致しない情報は、見えないし、聞こえないのです。

これが私たちのマインドの働きです。

整理するためにこれを一度、図にしてみましょう。

◎リアリティ（信念）が基準となって、セルフレギュレーションによって行動が制御される
◎信念よって重要なものが決まり、RASによる認識を左右する

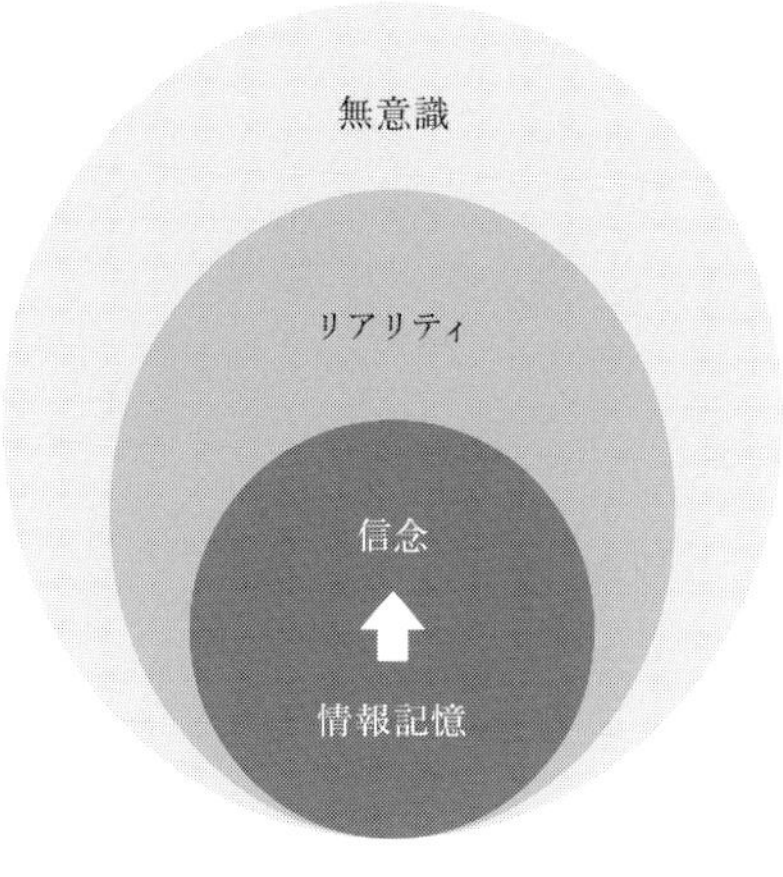

無意識に保存されているリアリティと信念

この図でも分かるように、私たちの行動はリアリティの中の信念によって決まってきます。裏を返せば、信念が私たちの可能性を制限しているともいえます。つまり、自分の行動を変えたいのであれば、私たちの可能性を制限する信念を変える必要があるのです。

まず、この信念ですが、生まれつき持っていたものではなく、生まれてからいままでの間に身につけてきたものになります。ですから、信念を変えるには、これまでどうやって信念を身

につけてきたのか、を理解すればいいのです。その法則が理解できれば人生を一変させることも不可能ではありません。

さて、私たちはどのようにして信念を身につけてきたのでしょうか？

それは「言葉」によってです。

私たちの信念は、自分自身に語りかける「言葉」で作られてきたのです。

◇マインドは自分自身に語りかけた通りに受け入れる

そもそも人間は3つの軸で思考を展開します。

「思考の3つの軸」と呼ばれるもので「言葉（Words）」と「映像（Pictures）」、そして「感情（Emotions）」です。

この3つの軸による思考を「セルフトーク」と言います。

セルフトークとは自分に対する語りかけのことで、私たちは最初に「言葉」を使って考え、言葉が「映像」を想起させ、その映像が「感情」を生み出すのです。

映像によって想起されたさまざまな感情をマインドは絶えず記録します。

この3つの思考軸、つまりセルフトークで信念は形成されていきます。

例えば、いまあなたは、この本を読みながら、頭の中で自分自身に「作者はこういうことを言いたいんだろうな」などと説明しているはずです。説明というのが大げさであれば、さまざまな感想を持ちながら読んでいるはずです。

これがすでにセルフトークです。

実は、人間は、常に自分自身に無意識に話しかけています。それは他の人の話を聞いている時もそうで、聞いている話の３倍の速さで自分自身に言葉を発しているのです。そして聞き終わると６倍の速さで話しかけるといいます。そうやって私たちは一日の中で、ずっと自分自身に話しかけます。その数は約５万回とも言われています。

この思考体系は、別の言葉では「アファメーション」とも言います。

アファメーションとは「真実について述べる」ことです。「信念について述べる」こととも言えます。

ここでの「真実（True）」とは事実（Fact）とは限りません。しかし、私たちは自分自身に真実として伝えたことは事実としてそのまま受け入れてしまうのです。たとえそれが本当の事実とは異なっていても、拒否することなく受け入れてしまいます。

これがのちのち問題になってきます。

ここで少し「事実と真実」について考察しておきます。そもそもこの世に本当の「真実」はありません。人それぞれにとっての「事実」だと認識した「真実」があるだけです。本当のことは、常に藪の中で、誰にも分かりません。ただし、藪を見た人それぞれに、それぞれが見た藪があります。それが「真実」だという意味です。

多くの人はこれを理解しないままに「事実」を見て、それを解釈することで「事実」を「真実」にしてしまいます。そして、その「真実」によってリアリティを形成しているのです。

これがマインドの重要な原則です。

自分にとっての真実を受け入れるとそれは信念になります。この信念はセルフトークをするたびに反芻され、強化されていきます。

怖いのは、それが本当に起こった事実ではなくても、真実として受け入れられ、強固な信念になっていくということです。

例えば、「この電車ってかなり揺れるから大人でも酔う人が多いんだよ」と言われたら、どうですか？　なんとなく酔った気になってきませんか？

あるいは学生のころに「お前ってやっぱり文系だよ」と親や友達に言われたら、「そうだよね、文系だよな」と思って数学への苦手意識が強化されます。

こうやって人はセルフトークを繰り返し、これがやがて「信念」となり、「信念」がセルフレギュレーションの基準となって自分が信じた通りに振る舞うようになるのです。

人間は「自分が信じている真実に従って行動する」ということです。これは一生覚えておいてほしいマインドの重要な原則です。

◇セルフトークが自己イメージを作る

それでは、もしも、セルフトークが否定的で破壊的なものだったら、どんなことになるでしょうか？

例えば、小さな子どもが、親から「あなたはすぐにバカなことをする」や「人前では恥ずかしいことをしないで」ということを日常的に言われたとします。

子どもはこれを真実として受け入れ、「ぼくはすぐにバカなことをする人間なんだ」「人前で恥ずかしいことをする人間なんだ」と思って行動を自ら制限するようになります。

しかし、これは、親にとっての「信念」を、子どもに突きつけているだけで、いわば親にとっての真実というだけの話です。本来ならば本人が認めさえしなければ、何の問題もないのですが、子どもの場合は難しいでしょう。

一方、大人の場合はどうかというと、「大人だからはねのけることができるだろう」とはならないのです。

言葉は簡単に人に影響を与えます。

ちょっと疲れただけなのに、「お前、顔色悪いよ。熱があるんじゃない？　熱がなくてもいいから横になってなよ」と言われて横になると、だいたい熱が出てきます。悪気があるとか、ないとかではないのです。

私たちは簡単に言葉に左右されてしまうのです。

そして、人は一人では生きていませんから、子どもの頃からずっと多くの言葉を浴びて成長してきました。親や先生、友達や兄弟から良いこと、悪いことを含めて言われてきたはずです。そのたびに私たちはセルフトークをし、信念を作ってきたのです。

つまり、私たちはすでにセルフトークによって形作られた人間だということです。

セルフトークによって形作られた自分を「自己イメージ」と言います。この自己イメージは小さいころから言われてきた、さまざまな言葉によって形作られてきました。たとえ、言われたのがたった一回であったとしても、情動記憶として強く心に残っていれば、何度もセルフトークによって繰り返してしまい、「自己イメージ」を作り上げてしまいます。

実際、嫌な思い出なんか忘れたいと思う反面、ふとした瞬間に思い出して悔やんでいるなんてことがよくあるはずです。この一回の回想、一回の後悔が自己イメージを強化し、自らをそういう人間にしようとする力となってしまうのです。

また、独り言や口癖も重要なセルフトークです。

「あ、また失敗しちゃった」「やっぱりうまくいかなかった」などといった言葉は、失敗するのが当たり前の自分という自己イメージを強化してしまいます。そして、本当に「失敗するのが当たり前の自分」になってしまいます。独り言や口癖にも細心の注意が必要なのです。

◇セルフトークをコントロールしないと、セルフトークにコントロールされる

マインドを変えるための重要な原則の1つは、いまのセルフトークを変えることです。周りの環境や他人の発言をすぐに変えることは無理でも、自分自身への話し方を変えることはできます。

それと同時に、周りの人の言葉を簡単に受け入れることはやめましょう。テレビの情報や権威者が言った言葉であったとしても、簡単に受け入れることはやめるべきです。セルフトークを他人にコントロールさせてはいけません。

そのためには入ってくる情報を一度は疑ってみるべきです。間違った情報を受け入れてしまったら、そのとおりに信念が作り上げられ、その信念に従って自分の行動が決まってしまいます。

では、正しい情報ならばいいのか、というとそれも違います。

何が正しい情報なのかは誰にも分からないからです。この世に真実が人の数だけあるように、正しい情報はありません。正しいと思えるあなたの判断だけがあるのです。

外側から入ってくる情報も大切ですが、最も大事なのはあなた自身が自分に何を語りかけるかです。自分の外側でなく、自分の内側の問題なのです。

ですから思うようにいかない時は、セルフトークを変えてみる必要があります。

自分の能力を存分に発揮できているバージョンアップした自分をイメージし、セルフトーク

を実際に組み立てましょう。

くれぐれも注意してほしいのは、「過去の自分はこうだったから」とか「自分はまだこの程度のレベルだから」という前提でセルフトークを組み立てないことです。人間は実際の能力レベルではなく、「この程度」と思い込んだレベルの能力しか出ません。ですから、セルフトークは常にバージョンアップした自分をイメージして設定してください。

それでは、次ページのワークでさっそくセルフトークを変えていきましょう。

★実践ワーク

私たちはセルフトークによって常に自分自身に語りかけています。そのセルフトークが自己イメージを作りあげ、自己イメージを強化し続けています。私たちは自己イメージ通りに振る舞いますので、セルフトークを変えていけばパフォーマンスも変わります。自分のパフォーマンスが上がるセルフトークをしていきましょう。

1　自分のヒーローの口癖

自分の憧れの人物や尊敬する人物の口癖やセリフを観察してみましょう。そして、バージョンアップした自己イメージが発するような、自分に取り入れたい口癖があれば書き留めてください。そして、今日からさっそくその口癖を自分のセルフトークとして取り入れていきましょう。

（　　　　　　　　　　）

（　　　　　　　　　　）

（　　　　　　　　　　）

2　セルフトークをコントロールする

無意識を直接的にコントロールするのは難しいものです。無意識でしているセルフトークも同様で、これをコントロールするためには、一度セルフトークを意識に上げてみるといいでしょう。普段は無意識でしている呼吸でも意識に上げれば深呼吸できたり、速く呼吸できたりするのと同じです。

①まずはセルフトークを意識に上げるために観察をしてみましょう。

はじめに、自分自身がセルフトークをしているという事実を掴んでください。自分が思っている以上に、自分で自分自身に語りかけていることに気づくはずです。

②次に、どんなセルフトークをしているか、その中身を観察してみてください。ついつい言ってしまう口癖もセルフトークです。気づいた時に、セルフトークを書き出してみて、外部化してみても良いでしょう。

③続いて、少しずつコントロールしてみます。実はセルフトークの大半は、ネガティブなものなのですが、そのネガティブなセルフトークをやめてみてください。口癖のようなものですから、しばらくは出てしまうとは思います。しかし、言いそうになったら、ストップするというのでも十分にコントロールしていることになります。「バカだったな」、「やっぱり無理だったか」、「また失敗するかも」というような言葉をわざわざ自分に言うのはもうやめましょう。

④最後は未来の理想の自分を思い浮かべてください。理想の自分はいまと同じセルフトークをしていると思いますか？　もちろんしていないはずです。それでは、未来の理想の自分は、どんなセルフトークをしていると思いますか？　思いついたら、その場から、そのセルフトークを始めてください。何度も繰り返し言うことがコツです。

3　他人から言われた言葉を選別する

あなたがこれまでしてきたセルフトークは、誰かから言われた言葉を受け入れて作ってきたものです。ですので、そのセルフトークはあなたのための言葉ではありません。自分のためのセルフトークをするには、他の人からのどんな言葉を受け入れるのかを選別する必要があります。

①自分の自己評価を下げるような、他人の言葉は受け流してください。その人に向かって反論する必要はありません。自分の中で、きっぱりと「そんなことはない」と否定するだけでいいのです。さらに「自分は○○だ」と肯定的な言葉掛けを自分にします。

②誰のどんな言葉を受け入れるのかを選別してください。自分の自己評価を高める言葉だけを受け入れてください。

4　他人に対しての良い言葉掛け

無意識は、自分と他人とを区別していません。ですから、自分に対してだけではなく、他人に対しても、ネガティブなことや、相手の自己評価が下がるようなことを言うのはすぐにやめましょう。

①自分にも他人にもネガティブなことを言わないようにしてください。相手に対する言葉掛けも、自分の無意識は自分のこととして捉えて自己イメージに取り入れます。他人に対して「バカ」と言うことは、自分に「バカ」と言っているのと同じダメージがあるということです。

②積極的に、相手の自己評価を高めるような言葉掛けをすると良いです。そうすると、無意識はそれを聞いていますので、自分の自己評価も高まっていきます。他人に対して「素晴らしい」と言えば、自分に「素晴らしい」と言っているのと同じ効果があります。

他人の言動や環境はすぐに変えられなくても、自分自身や他人に対して何を言うのかはいますぐに変えられます。早く変え始めれば、その効果も早く現れます。いますぐにセルフトークのコントロールを始めましょう。

レッスン7――慣れ親しんだ世界
～コンフォートゾーンは自己イメージが決める～

マインドの原則⑦
人間は、慣れ親しんだものを探し求める。

◇自己イメージがコンフォートゾーンを作る

前のレッスンでは、私たちは自分自身に語りかける言葉、つまりセルフトークによって自己イメージを作っていることを学びました。

自己イメージが一度作られると、セルフレギュレーションによって自己イメージの通りに振る舞うようになります。

もし、自己イメージに反した行動を取ると、その行動が良いものであっても、悪いものであってもストレスを感じ、元に戻そうという力が働きます。

この働きは、コンフォートゾーンという概念を知ると、さらに理解が深まるでしょう。

コンフォートゾーンとは自分が居心地良く感じる一定の範囲のことです。それは慣れ親しんだ範囲でもあります。

コンフォートゾーンの代表的な例が自宅です。長年暮らしているのですから、慣れ親しんだ場所の最たるところでしょう。

ところが、ある日、遠い親戚のAさんが同居することになったらどうでしょうか？

なんとなく居心地の悪さを感じるようになるはずです。

少なくとも以前よりも居心地の良さは減ってしまっています。

これを解消するために、あなたは何か行動を起こすはずです。Aさんと仲良くすることで居心地の良さを取り戻そうとするかもしれません。もしくは、Aさんに少し意地悪をして、早めに出ていくように仕向けるかもしれません。いずれにせよ、居心地の良い元の状態に近づけるよう行動するはずです。

なぜ、このように居心地の良さを少しでも壊そうとする状況が起きると、元に戻すための行動を無意識に始めてしまうのでしょうか？　それは、コンフォートゾーンは自己イメージによって決まるものだからなのです。

◇コンフォートゾーンを維持するための機能「ホメオスタシス」

自己イメージとコンフォートゾーンの関係を理解するために、エアコンを例えにして考えてみましょう。

自己イメージは、部屋の温度を調節するサーモスタットのような調整機能として働きます。室温を25度にセットしておくと、25度以上になれば、エアコンのサーモスタットにより電気信号が送られ、冷却機能が働き温度を下げます。そして25度以下になると、今度は加熱機能が働きます。

絶えずサーモスタットがオン・オフを繰り返すと効率が悪いので、一定の幅で動作します。上下それぞれ1度で、26度になれば冷却機能が作動し、24度で加熱機能が作動します。このサーモスタットが動作しない遊びの部分が「コンフォートゾーン」です。設定した温度の一定の幅の中であれば、快適な状態です。

私たちの自己イメージもエアコンの快適温度と同じです。一旦、「私とはこうだ」というイメージを自分に持ってしまうと、これを維持しようとするのです。

この自己イメージはあなたにとってのコンフォートゾーンを作り、これを少しでも外れそうな情報や状況が起きると、エアコンのサーモスタットが起動するのと同様に、自己イメージを壊す情報や環境をシャットアウトし、元に戻ろうとするのです。

人間にはエアコンのサーモスタットにあたる機能が実際に備わっています。それがホメオスタシス＝恒常性維持機能と呼ばれるものです。この機能は生体をより長く生きながらえさせるために、生体を常に安定的な状態に維持しようとするものです。

例えば、体温を一定の範囲に収めるために、暑ければ汗をかいたり、寒ければ身体をブルブル震わせたりして体温上昇を促すのもホメオスタシスによるものです。

ホメオスタシスはすべての動物にあるものですが、人間は脳が進化したことによって身体だけでなく、イメージの世界にまでホメオスタシスを広げることができるようになっています。

ホメオスタシスがイメージの世界にまで広がったと言われてもすぐには理解できないかもしれませんが、分かりやすい例が映画です。

ホラー映画を映画館で観ているとしましょう。怖い場面ではビクっとしたり、手に汗をかいたり、声をあげたりするでしょう。当然です、ホラー映画を観ているのですから。

しかし、あなたがいるところは映画館です。化け物はどこにもいません。であるのに、声をあげたり、変な汗をかいたりするというのはイメージの世界にまでホメオスタシスが広がっている証拠です。

これと同じように、自分のパフォーマンスが、コンフォートゾーンを下回る結果になった時は、ホメオスタシスが働いて不安や緊張がフィードバックされます。普段より銀行口座の残高が少なければ、冷静さを失いますし、スポーツでも普段どおりの成績を下回れば苛立ちます。

基準値以下の結果が出れば、落ち着かなくなるのです。

一方、コンフォートゾーンを上回る結果が出ても、同様に不安や緊張がフィードバックされます。

スポーツでいえば普段よりも良い結果、良いタイムが出たりした時で、嬉しさと同時に不安や落ち着きのなさも出てしまうのです。こうなるのは無意識に、元の「あるべき姿」、つまりこれまで通りの自己イメージに戻るよう、ホメオスタシスが働くからです。

ストレスがなく緊張もない、慣れ親しんだコンフォートゾーンというのはそれほど居心地がいいものなのです。しかし、それは居心地のいい牢獄でもあります。あなたが本来持っている潜在能力を発揮させず、自己イメージによって限界を作られた空間の中に閉じ込めてしまうものでもあるのです。

◇コンフォートゾーンの外側では情報の入出力が妨げられる

では、コンフォートゾーンの外側に出た時に何が起きるのかを見てみましょう。

コンフォートゾーンの外側にいると分かった時は、「うまくいき過ぎている」とか「いつもより足りない」と自分にセルフトークで語りかけるでしょう。

自分が慣れ親しんだ状況から離れると、不安や緊張を感じます。

人前で話すのに慣れていないと、スピーチの時に緊張しますよね？　話す内容を急に忘れてしまったり、言葉が出てこなくなったりした経験が誰にでもあるでしょう。

そうなってしまうのはコンフォートゾーンの外側だからです。

コンフォートゾーンの外側に出ると、『無意識』が記憶から情報を引き出すのを妨げるのです。まるで庭で水やりをしている時に誰かにホースを踏まれたように、何も出てこなくなります。喫茶店で友達と話すなら問題ないのですが、千人の聴衆を前にすると頭が真っ白になってしまいます。

あなたが普段発揮できているはずの能力、実力が出てこなくなってしまいます。言葉を換えれば、コンフォートゾーンの外側だと情報のアウトプットができなくなってしまうということです。

さらに、コンフォートゾーンの外側では、情報のインプットもできなくなります。新しい情報や何かの指示をもらっても、受けつけなくなります。

例えば、ここはコンフォートゾーンの外側だと感じている試験会場では、参考書を広げても、もう何も頭に入らなくなってしまいます。これから本番だと思って緊張していれば、新しい情報はやはり頭に入らないでしょう。

その結果、「やっぱり自分には向いていない」「実力不足だ」「そもそもこういうのは苦手だ」といったネガティブなセルフトークをし、再びそのような状況に身を置くことを諦めてしまいます。そして、慣れ親しんだ環境に留まり続けようとします。このようにして、慣れ親しんだ人間関係、慣れ親しんだ仕事など以前からの快適な世界に戻るのです。

◇嫌なことからは創造的に逃げようとする

人間は、無意識に自分が慣れ親しんだものを求めています。

例えば、環境、人間関係、言語、金銭感覚などです。

ホメオスタシスは、いまのコンフォートゾーンを維持しようと働くので、自分に馴染みのないものは避けようとします。

その結果として、私たちは傷つきそうなこと、痛くなりそうなこと、不快であろうと想像できることに対しては無意識のうちに避けようと振る舞うのです。

そのような行動を「創造的逃避（Creative Avoidance）」と言います。無意識が嫌なことを回避するために創造的に行動することです。

これは自分の過去の行動を思い出してみればすぐに納得できるでしょう。あまり好きじゃない人と会わなければいけないとなった時、気持ちは自然に落ち込み、体調もこころなしか、悪くなったような気さえしてきます。そして、「急遽行けなくなってしまった」理由を考えるようになります。これが「創造的逃避」です。

このような創造的逃避は、繰り返す度に『無意識』に蓄積されていき、そのうち本人も気づかないうちに自動的に処理されるようになります。つまり、ハビットやアティテュードになってしまうのです。それで可能性が制限されるのだとしたらは創造性のもったいない使い方です。コンフォートゾーンの外側で起きるこれらの現象は、すべてマインドの中で起きていることです。ですから、こういったものを回避するにはマインドから変えていくことが大切です。

私たちはよく変わろうと決意します。

しかし、その決意は往々にして無に帰してしまいます。

その理由は決意する行為がコンフォートゾーンの外側に行くことになるからです。コンフォートゾーンの外側は不安だらけですから、しばらくすると創造的逃避によって元に戻ろうとするのです。そして、元に戻れば、外の辛さを知った分だけ余計に元のコンフォートゾーンから出たくなくなります。

しかし、それでは人生はずっと変わりません。

人生を変えるにはコンフォートゾーンから出ることは必須です。

ただし、コンフォートゾーンから出るには出方があるのです。

それがこれからお伝えするゴール設定、アファメーション、ビジュアライゼーション、セルフトークのコントロールなどになります。これを身につければ、いまのコンフォートゾーンから出て新しいコンフォートゾーンに行くことは決して難しいことではありません。

★実践ワーク

私たちのパフォーマンスは、自己イメージから作られるコンフォートゾーンによって制限されることを学びました。そのためパフォーマンスを変えたければ、いままで慣れ親しんできたコンフォートゾーンを変えていく必要があります。これからどんなことをコンフォートゾーンにしていきたいのかを確認していきましょう。

1　ゼロを加える

私たちが使うお金にもコンフォートゾーンがあります。日頃使う金額にゼロを一つ加えてみると、途端にコンフォートゾーンの外側になってしまうものがあるはずです。

①日頃使う金額を表に記入してください。

②①で書いた金額にゼロを1つ加えてください。その金額を使っている自分をイメージしてみましょう。もしイメージできない場合は、その金額のものがどこで手に入るのか調べてみてください。実際に試してみたいものは試してみるか、お店などに行けるようだったらウィンドウショッピングをしても良いでしょう。

③ゼロが2つ加わるとどうですか？　今とはだいぶコンフォートゾーンが違うことを感じるはずです。

	①	②	③
	日頃、使う平均の金額	①の金額にゼロを1つ加える	①の金額にゼロを2つ加える
朝食（例）	350円	3,500円	35,000円
昼食	円	円	円
夕食	円	円	円
コーヒー代	円	円	円
靴（一足）	円	円	円
靴下（一足）	円	円	円
腕時計	円	円	円
服（ひと月）	円	円	円
旅行（国内）	円	円	円
旅行（海外）	円	円	円
車	円	円	円
家（家賃）	円	円	円
趣味（ひと月）	円	円	円
書籍（ひと月）	円	円	円
	円	円	円
	円	円	円
	円	円	円

2　現在と未来の「コンフォートゾーン」

①下の表に、現在のコンフォートゾーンを書いてみてください。どんな状態が自分にとって自然にいられる範囲ですか？

②次に未来に自分がコンフォートゾーンにしたい状態を書いてください。今はまだ、それを手に入れる方法は分からなくても大丈夫です。

	① 現在のコンフォートゾーン	② 未来のコンフォートゾーン
住んでいる場所、家、間取り、部屋の状態		
職業、仕事の内容、職場の場所、通勤時間		
人間関係、家族、友人		
健康状態		
年収、貯金、支出		
外食・車・旅行・本などにかける値段		
趣味		
生涯学習		
その他の項目を自由に		

レッスン8――次からは……
～他人の言動を選別する～

マインドの原則⑧
人間は、自分が想定している通りの行動を取る。

◇自分を取り巻く環境からコンフォートゾーンは作られる

前のレッスンではコンフォートゾーンについて学びました。

私たちはコンフォートゾーンを変えない限り、小さい狭い世界に留まることになります。しかし、そのカラクリを理解することで意図的にコンフォートゾーンを変え、いままでは考えられなかったことを現実にすることもできるのです。いままでより遥かに高いレベルに行けるのです。

このレッスンでは、より高いレベルにコンフォートゾーンを設定するための方法を学んでいきましょう。

ところで、私たちは自分と同じコンフォートゾーンの人と一緒にいると居心地の良さを感じます。そして、狭いコンフォートゾーンの人たちとずっと一緒にいれば、自分のコンフォートゾーンが狭いということに気づくことさえありません。

一方、自分のコンフォートゾーンの外側にいる、自分とはかけ離れた人を見ても「住む世界が違う」と思い込むだけで終わりです。自分には関係ないと興味すら持たないようにするかもしれません。

しかし、本当に前者と後者で、それほどの違いはあるのでしょうか？

実際は「住む世界」が違うのではなく、「コンフォートゾーン」が違うだけなのです。さきほどから言っているように、人は自分にとって居心地のいい場所にいるだけです。もちろん、能力の差でもありません。ただただコンフォートゾーンの差なのです。

では、コンフォートゾーンはどのようにして作られるのでしょうか？

考えてみれば、私たちはみな、なんらかのコンフォートゾーンにいます。そのコンフォートゾーンは自分で作ろうと思って作ったわけではありません。

気がついたら、コンフォートゾーンにいます。居心地のいい場所、もしくは慣れ親しんだ場所を作り出してそこにいます。

気づけば、自然に形成されているコンフォートゾーン。

果たして、これはどのようにできあがったものなのでしょうか？

そもそも私たちは生まれた時から死ぬ時まで常に周囲の影響を受け続けます。毎日のように自分を取り巻く環境から自然に物事を吸収しながら大人になっていきます。

「父親の職業は？」「友達の父親の職業は？」「親戚にはどんな人がいる？」「大人になったら何になれる？」「どういう職業なら就けるのか？」など、周りの人たちの現実を通して、自分の人生を考えているのです。

そこにあるのは自分の能力や個性ではなく、周囲の人たちを見ることによって作り出された自己イメージであり、コンフォートゾーンです。つまり、コンフォートゾーンはあなたを取り巻く環境が作るのです。

◇「あなたのため」と言うドリームキラーにご用心

コンフォートゾーンはいまいる自分の環境によって自然に作られます。子どもの時代は特に家庭、学校がコンフォートゾーンを形成するための重要な環境となります。

親や学校の先生の言葉。友達との会話。学校の成績。両親の仲の良さ。もちろん、住む場所、親の収入なども重要な環境となってきます。

こういった環境の中で、特に重要なのが「言葉」です。

あなたが周囲の人からどのような言葉をかけられて育ってきたのか？ はとても重要です。セルフトークに影響するのが「言葉」なのですから、当然といえば当然でしょう。

その言葉が褒め言葉だけであればいいのですが、なかなかそうもいきません。

例えば、学校のテストの結果が悪ければ、親や先生は叱るでしょう。

それだけではありません。あなたがやりたいと思ったことも「その点数では無理じゃないか」と言いだします。「現実を見なさい」「常識で考えてみろ」「高望みをするな」と。「あなたのためだから」とさえ言います。

そう言われたあなたはテストの点数も悪かったわけですから、「言われた通りかもしれない」と自分でも考え始めるのです。そうやって周囲の人たちが夢の芽を摘み取ってしまうのです。

このような人たちを「ドリームキラー」と呼びます。

ドリームキラーは親や先生ばかりとは限りません。それまで仲間だと思っていた友人が豹変することもあります。例えば、同じ高校に一緒に進学しようと約束していたのに、自分だけがよりレベルの高い学校を目指し始めたり、地元から離れて新しいチャレンジをし始めたりした時などは、ドリームキラーとして意地悪をして引き留めようとしたり、急に他の人にあなたの悪口を言うようになるかもしれないのです。

いままでコンフォートゾーンを共有していた人が、突然、自分のコンフォートゾーンの外側に行ってしまうと、居心地が悪くなります。そして、自分のコンフォートゾーンに引き戻そうとします。

これは「相手が憎いから」でもなければ「相手のためだから」でもありません。すべてコンフォートゾーンの問題なのです。私たちはその人の将来の可能性で判断しているのではなく、自分のコンフォートゾーンに合致するかどうかで判断しているのです。

私たちは、コンフォートゾーンがあるために、他人に対しても、自分に対しても、ドリームキラーになってしまう可能性があるということを覚えておいてください。

◇他人の言動を選別する

私たちの周囲にはドリームキラーがたくさんいます。親や先生、友達、時には自分自身もドリームキラーになっているかもしれません。

彼らは決して、あなたを傷つけようとして話しているわけではありません。自らのコンフォートゾーンに基づいて話しているのです。

その言葉に影響されて生きている間は、誰かに形作られた人生を生きていることになってしまいます。

いままでに周囲の人に言われたことを思い出してください。

小学校時代に何ができて何ができないのかについて言われたこと、高校時代に将来について言われたこと、社会人になって社長や上司にはどんな人物だと言われてきましたか？

それらの周囲の評価を受け入れてきませんでしたか？

その周囲の評価が今の自己イメージやコンフォートゾーンを作り上げてきたのです。

しかし、これからは自分のことは自分で評価するのです。そうすれば人生は変わります。

注意すべき点は、あなたに何かを言う相手は、現在までのあなたの過去に基づいて話をしているということです。決して、あなたの未来を知っているから話をしているわけではないのです。ですから、他人の言動を選別して、自分に取り入れるかどうかを決める必要があるのです。

◇失敗の映像を刷り込む悪い指導法「コーチング・バックワーズ」

では、どういう言葉を受け入れるべきでしょうか？

それには、良いアドバイスと悪いアドバイスを自分で選別する必要があります。まず、悪いアドバイス、悪い指導法とはどういうものかを知りましょう。

悪い指導法として典型的なのが「コーチング・バックワーズ」というものです。

どういうものかというと、例えば、フィギュアスケートで3回転ジャンプがどうしても上手にできない選手がいたとしましょう。コーチング・バックワーズでは、失敗した映像を選手とともに見て、どこが悪いのか、なぜ失敗したのかを何度も研究します。

しかし、こういう選手はなかなか失敗から脱出することができません。3回転ジャンプの場面になるとどうしても失敗します。

なぜこんなことが起きるのかというと、失敗した場面をコーチが何度も繰り返して見せたからです。失敗の映像は無意識にとっては現実の経験と同じです。何度も失敗の経験を積んでいれば、上手になるのは「失敗する動き」です。

いくら言葉で、「ここが悪いんだ。ここを直せ」と言ったところで目の前に映し出されている映像は失敗のシーンなのですから、それが無意識に刷り込まれてしまいます。

刷り込まれてしまったら、それが自己イメージとなり当然また失敗します。

いわば、これは失敗した映像を繰り返し見せたことによって「失敗」の自己イメージを強固なものにしてしまった悪い例です。

◇失敗を修正した映像を見せる良い指導法「コーチング・フォワード」

正しい指導方法とは「コーチング・フォワード」というものです。失敗を修正するには、正しい方法があるのです。

まず、悪いクセを断ち切るために「置き換えの映像」を示す必要があります。失敗がクセになってしまっている選手の『無意識』には、失敗の映像が保存され、リアリティとなっています。これを「将来こうなりたいと望む映像」に置き換えるのです。

置き換えの映像は当然「成功している映像」です。さきのフィギュアスケートでいえば、3回転を成功させている時の映像を何度も見せます。

もしも、まだ成功していなければ、コーチや選手が理想とする3回転ジャンプの映像を何度も見せることです。その時にまだ誰も成功していなければ、成功している映像を想像できるように手助けすることです。

ここで大切なのはコーチが選手に「キミはできる」と声をかけてあげることです。選手が何度失敗しても、落ち込んでいてもコーチだけは成功を信じて疑わず、「キミはできる」と声をかけ続けることです。

間違ってもしてはいけないのは、失敗した選手に「なぜそんなことをしたのか?」「どうしてそんなバカなことをした?」と聞くことです。こんなことを聞いても答えなどありません。

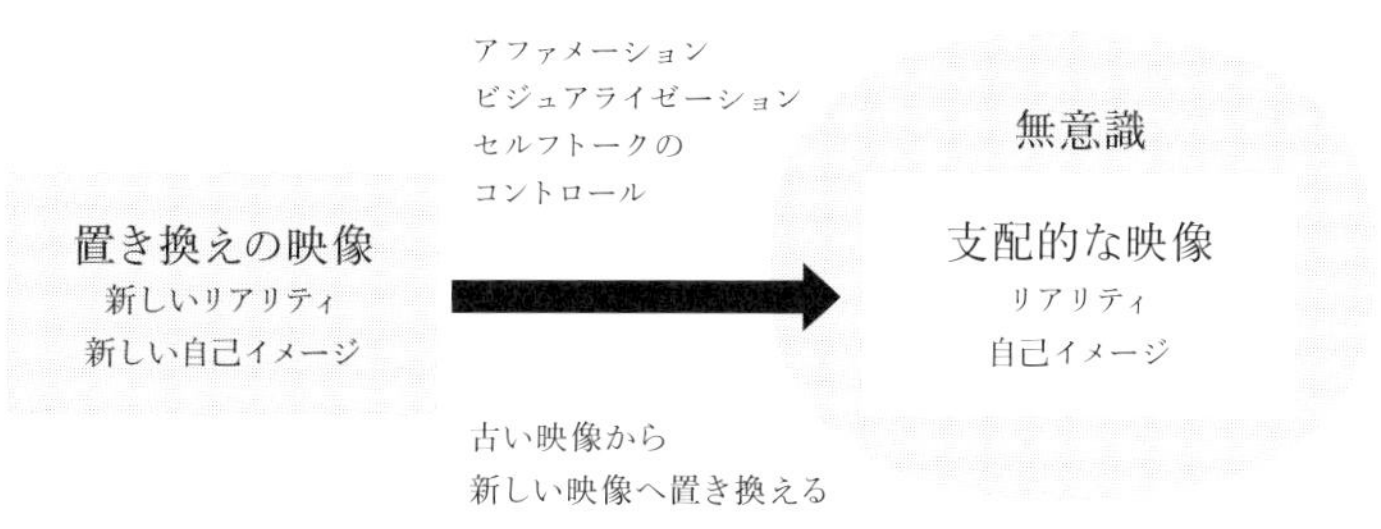

支配的な映像と置き換えの映像

時間のムダですから決してやってはいけません。

これはコーチと選手の間柄だけでなく、夫婦間でも、親子間でも、友達間でも、上司と部下の間でも共通することです。「何度言えば分かるんだ」と言う会話ぐらい不毛なものはありません。

逆にこれらの言葉は言えば言うほど、失敗がより強く記憶されるだけです。

例えば、おもちゃを散らかっしっぱなしにした子供に、母親が「あなたはいつも散らかして」と叱ったとしましょう。

子どもの無意識には「整理整頓している自分」はいません。「いつも散らかして」と言われる自分しかいないので、子どもはそのリアリティに従って部屋を散らかしてしまうのです。

一方、優秀なコーチや指導者は、相手の過去は見ません。成長を助けたい相手の将来の望ましい状態をイメージし、まるですでにそうなっているように現在形で表現します。

「あなたは○○しています」と、望ましい状態を表現するのです。

「あなたは連続で3回転ジャンプを成功させ、優勝して表彰台の一番上で高々と手を挙げて声援に応えています。その後の勝利者のインタビューでは次の大会でまだ誰も成功させていないジャンプを飛ぶことを宣言しています」のように、選手の成功を前提に理想のイメージを伝えるのです。

相手の現在ではなく可能性に着目して、相手の良さを引き出すのです。「いままで」のことを言っていても、明日の結果は変わりません。まだそうなる前の将来の姿を見て、表現するのが鍵です。これが、自分自身と他人を新しい未来へ導く賢い方法です。

◇望ましいセルフトークは「次は○○する」

「コーチング・フォワード」は他人に使うだけではありません。自分にもセルフトークをコントロールすることで使えます。そのコントロールの仕方を理解するために、セルフトークを4つの段階に分けて見ていきましょう。

第1段階のレベルが「あきらめ」です。「無理だ」「できるわけない」といった、過去の自己イメージから発せられるネガティブなセルフトークです。多くの人がこれによって縛られています。まずはこの状態から脱することが必要です。

第2段階のレベルは「願望」です。「○○するべきだ」「○○したい」「○○だったらなぁ」といったセルフトークです。「貯金すべきだ」「体重を減らしたい」「英語を話せたらなぁ」と言っているうちは、問題は認識していても、何も取り組まないのです。このレベルのセルフトークをしているうちは、変化はあらわれません。

第3段階のレベルは、「誓い」です。「○○はもうしない」「○○はやめる」「こんな状態からは抜け出すぞ」と誓うセルフトークです。でも「もうしない」と誓っても、次に何をしますか？

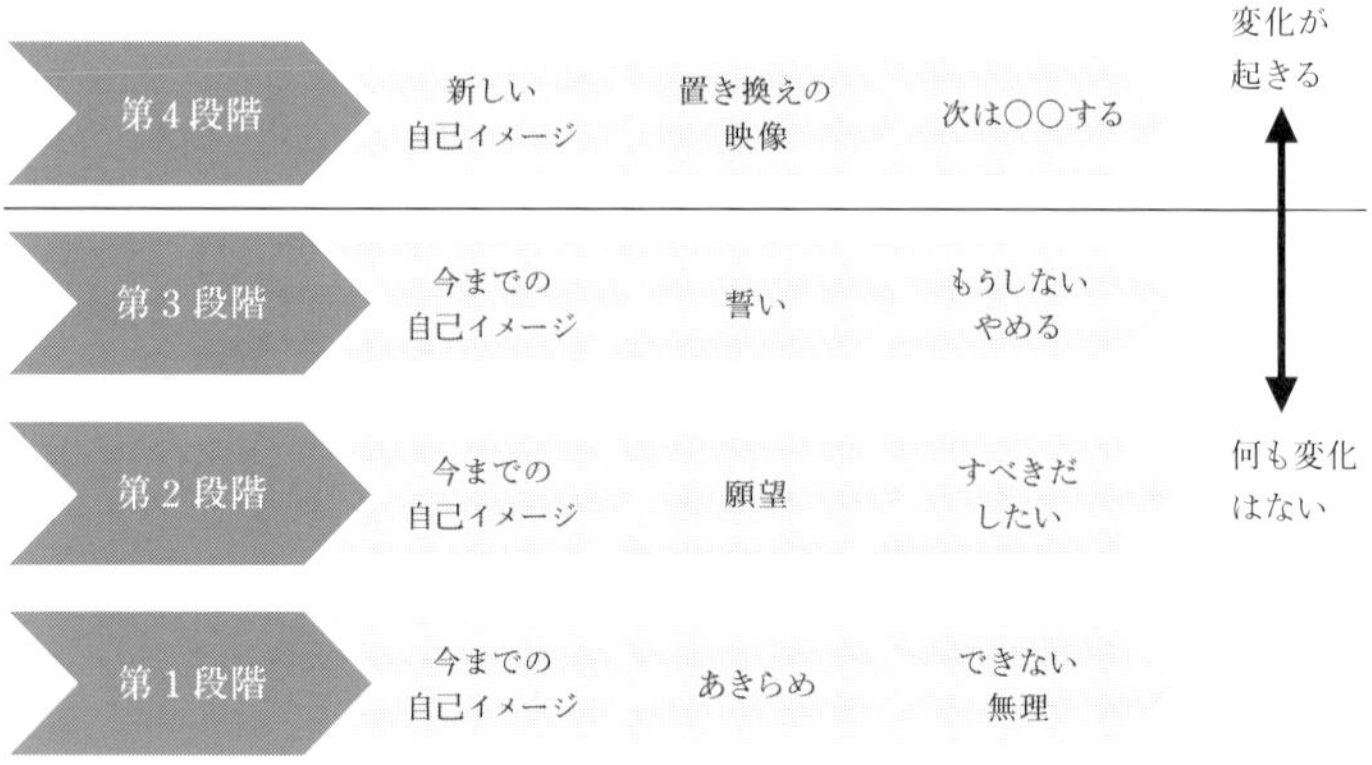

				変化が 起きる
第4段階	新しい 自己イメージ	置き換えの 映像	次は○○する	
第3段階	今までの 自己イメージ	誓い	もうしない やめる	
第2段階	今までの 自己イメージ	願望	すべきだ したい	
第1段階	今までの 自己イメージ	あきらめ	できない 無理	何も変化 はない

セルフトークの4つの段階

置き換えの映像がないので、誓うだけなら元に戻ってしまいます。

第4段階のレベルは「新しいイメージの自分」です。「次は〇〇する」「明日は〇〇している」といった、新しい自分が発するセルフトークです。単なる願望ではなく、いまこの場でそれが実現しているかのような臨場感をもって、自分自身に語ります。現状にとらわれず、未来に着目して、しっかり「置き換えの映像」を作るのです。

第1段階から第3段階のレベルのセルフトークはいままでの自己イメージに縛られたセルフトークです。そして、第4段階のセルフトークは、「置き換えの映像」によって作られた新しい自己イメージが発するセルフトークです。

今後、自分の行動を振り返って何かを自分自身に言う時は、「これはもうやめる。次はさらに良くなる」「自分はもっとできる」「次は〇〇する」と言いましょう。今日から、自分の未来は自分で作るのです。

明日からといわず、いまから第4段階のセルフトークで、自分自身に話しかけてみましょう。将来のことをいまのこととして話しかけるのです。

未来のあるべき自分の姿を想像して、すでにそうなっているかのように自分に語りかけましょう。そうすれば自分の未来は変わります。「置き換えの映像」が鍵になるのです。

★実践ワーク

他人からのアドバイスは大切ですが、すべてに耳を傾ける必要はありません。基本的に他人は過去を基準にアドバイスをしてきます。そのため、これから新しいコンフォートゾーンへと飛び出していく自分にとって、多くの人がドリームキラーになってしまいます。ドリームキラー対策をして、新しい未来へと向かっていきましょう。

1 ドリームキラー対策 他人編

ドリームキラーには、影響力が強い身近な人こそなりやすいものです。自分が変わろうとすると、彼らのコンフォートゾーンの外側となってしまうので、必死に元に戻そうとしてきます。ドリームキラー対策として、次のことを日頃から実践しましょう。

①自分の将来に対するアドバイスについては取り入れるのかどうかを慎重に吟味します。自分の可能性を狭めたり、単に相手の利益のために言ったりしているアドバイスは受け入れないようにします。

②相手はあなたが憎くてドリームキラーになっているわけではなく、単なるコンフォートゾーンが問題となっているだけです。ですので、ドリームキラーだなと思ったからといって敵対する必要もありません。相手が自分のためを思って言ってくれていると感じたら「ありがとうございます」と言って、聞き流せば良いのです。

③ドリームキラーの言葉に影響を受けてしまいそうなら、自分のゴールは秘密にします。あなたの可能性を信じ、ゴールの実現を真から応援してくれる人だけに、ゴールを打ち明けるようにしてください。不用意にドリームキラーを生み出さないためです。

2　ドリームキラー対策　自分編

ドリームキラーは他人とは限りません。実は自分が自分のドリームキラーに一番なりやすいのです。それは自分の中にいままでのコンフォートゾーンがあるからです。自分を現状に留めようとするネガティブなセルフトークは放っておいても出てきます。ですから、それに反論するセルフトークを作っておくことが必要です。「セルフ・ディベート」をして、自分がゴールの肯定側に立つ練習をしましょう。

【セルフ・ディベート】

①ゴールを一つ挙げてください。

②①で挙げたゴールに対する反対意見や達成できない理由を書き出してください。

③②で書き出した反対意見や達成できない理由に対して、それぞれ3つの反論を考えてください。

今後、自分の中から現状を留めようとする②のセルフトークがでてきたら、③で考えた反論をセルフトークしてください。

④他のゴールに対しても①〜③をやってみましょう。

①	②	③
ゴール	①のゴールに対する反論や達成できない理由	②に対する反論 それぞれ3つ
•	•	• • •
	•	• • •
	•	• • •
•	•	• • •
	•	• • •
	•	• • •

３　ドリームサポーターになる

ドリームキラーに対応しようとするだけでなく、自分が誰かのドリームサポーターになることも、結果的にドリームキラー対策になります。他の人の良さを積極的に認め、可能性を信じることは、自分の良さを認め、自分の可能性を信じることにもつながります。さっそくドリームサポーターの自己イメージをもって実践してみましょう。

①誰かのドリームサポーターになってみてください。まずは応援したい特定の人から始めてもいいですし、誰に対してもドリームサポーターになって応援する気持ちで接し始めてもいいです。

②相手の無限の可能性を信じます。そして、相手の夢やゴールがすでに実現した時の相手だと思って接してみてください。押し付けるような感じだと反発してくる可能性があるので、ごく当たり前という感じで自然に接するのがコツです。

４　次は〇〇する

セルフトークを使って置き換えの映像を作りましょう。うまくできなかった時、自分が失敗したと感じた時、思うような結果を得ることができなかった時は「次は〇〇する」と言って、新しい置き換えの映像を作ることを習慣にしてください。これを口癖にすれば、過去にとらわれずに自然と未来へと目を向ける、前向きなアティテュードを身につけることができます。

レッスン9——今の自分を超越して成長する
〜ハイパフォーマンスの実現〜

マインドの原則⑨

未知の状況、困難またはイレギュラーな境遇においては、何を知っているかではなく、知っていることをどう行使するのかが重要だ。

◇コンフォートゾーンの外側はスコトマで見えない

人間が高いパフォーマンスを出す時は、つねにコンフォートゾーンの中にいる時です。コンフォートゾーンの中にいれば、コンフォートゾーンのレベルのパフォーマンスを自然と出すことができます。

私たちは、RASの機能によって自分に重要なものしか見ることができません。そして、自分の重要なものが集まったものがコンフォートゾーンです。そのため、私たちはコンフォートゾーンの内側のものしか見えません。コンフォートゾーンの外側は、重要性がないのでスコトマになって見ることができないのです。

ですから、人は、コンフォートゾーンから外れた時は、周囲の人には想像がつかないような間違いをし始めます。そこにある情報がスコトマになって認識できなかったり、身体も緊張したりして自然な行動をすることが妨げられ、パフォーマンスを発揮することができません。

例えば、知らない海外の国に行って、言葉が通じなかったり、看板の文字さえも意味が分からなかったりしたら途方に暮れるでしょう。地図を頼りに目的地に向かっていたつもりでも、いつの間にか道に迷っていたということもよくあることです。視界が狭まり置いていた荷物を盗まれたり、チケットをなくしたりと、自分の国にいる時にはしないような間違いや失敗もたくさんします。

トラブルが起きれば、持っている知識をフルに動員してなんとか切り抜けますが、すぐにヘトヘトになって、早く家に帰りたいと思うかもしれません。

たくさんの飲食店もあるはずですが、その国の美味しい食べ物も口にすることもできず、いつも利用しているファーストフードのチェーン店でしか食事ができなかったという人もいるでしょう。

自分の国にいる時にはできることが海外ではできないというのは、もともと持っていた身体能力の問題ではないということです。そこがコンフォートゾーンの外側だからです。

このように突然コンフォートゾーンの外側に身を置いてしまったら、スコトマだらけの中で新たに何かを探すということは難しくなります。

そのため、経験したことのないような未知の状況やいつもとは異なる環境では、知っていることをどうやって使うかということが重要になります。

◇アウェイではパフォーマンスを発揮できない

コンフォートゾーンの外側とはいわゆるアウェイです。アウェイでは自分の力を最大限発揮するのが難しくなります。例えば、記憶の入出力が妨げられたり、筋肉が硬直したり、呼吸が浅くなったり、緊張を司る交感神経も優位になります。

上半身の筋肉が硬直すると胸郭を締め付けて肺を圧迫し、声がうわずります。自分の震える声を聞いた時、自分が緊張していることに気づいて、ますます緊張が高まった経験があるのではないでしょうか。

さらに必要以上に胃の消化液が分泌され、胃が痛みます。頭が真っ白になり、声が変わり、膝が震え、汗をか

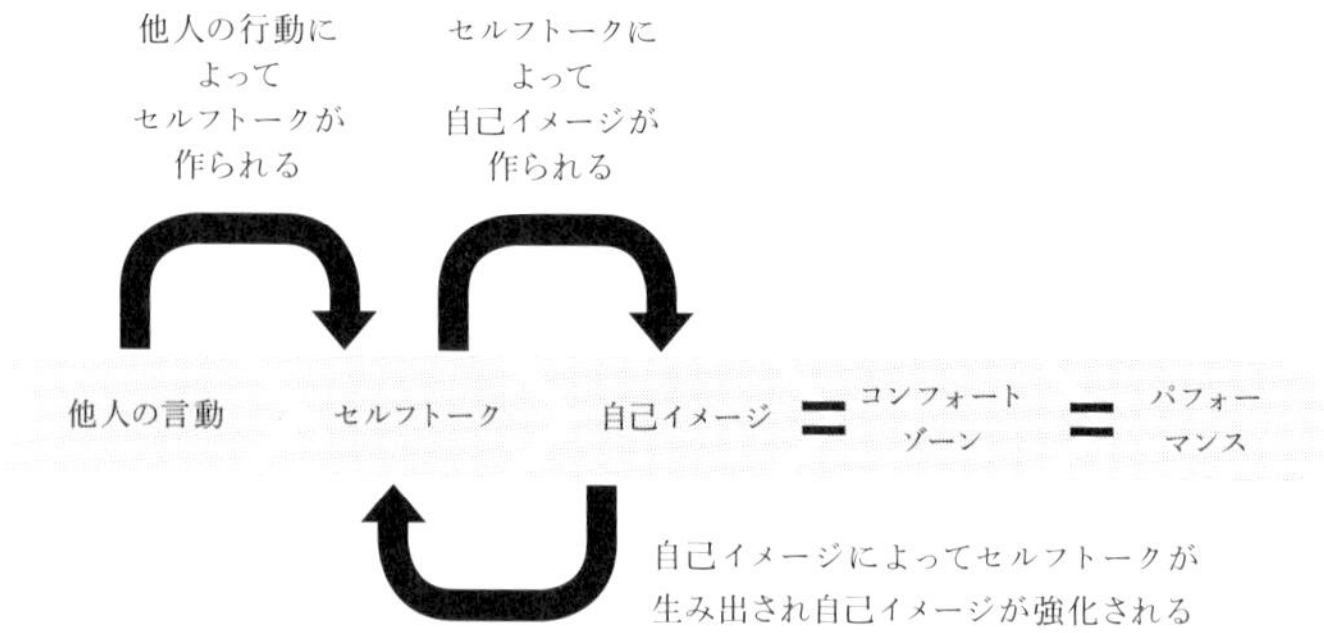
他人の行動によってセルフトークが作られる
セルフトークによって自己イメージが作られる
他人の言動
セルフトーク
自己イメージ
=
コンフォートゾーン
=
パフォーマンス
自己イメージによってセルフトークが生み出され自己イメージが強化される

パフォーマンスが決まる仕組み

き、バランスを失います。

そういう状況では、身体が自由に動きません。ＩＱも下がり、高い視点で物事を捉える抽象思考もできなくなります。ネガティブな創造性も刺激され、セルフトークもネガティブなものになります。

アスリートがアウェイで実力を発揮できないのは、そのためです。アウェイでは、ホームにいる時に徹底的に練習したことしかできません。身体が思うように動かなくても、自動的に反応できるまで身体に叩き込む方法です。身体に叩き込めば本番でもある程度は身体は動くかもしれませんが、創造的な活動はできません。特に近代的なスポーツは抽象思考も求められるため、この方法では太刀打ちできなくなります。

それではアウェイのような馴染みのない環境を、ホームのようにできる方法はあるのでしょうか？　その方法を身につければ、パフォーマンスを一つ上のレベルに引き上げることができるはずです。

◇想像力を使ってアウェイをホームにする

アウェイでもホームと同じようなパフォーマンスを発揮できるようにするためには、コンフォートゾーンを広げることが必要になります。コンフォートゾーンを広げるには、今のコンフォートゾーンの外側にいても大丈夫な自分を映像化することです。

これは「ビジュアライゼーション」というテクニックです。

私たちの想像力を使って、いまのコンフォートゾーンの外側にいる自分を映像化するのです。実際にやったことがなくても、行ったことがなくても、映像化することによって、無意識にとって馴染みの場所にし、コンフォートゾーンとする方法です。やり方もそれほど難しいものではありません。想像力を駆使して未知のどこかへ出かけることを想像してみる、ということから始めてもいいでしょう。

まずは、知り合いのいないパーティーや旅行に出かけている自分を想像してみましょう。そこで自分がどんな気持ちになるのか、どんな行動を取るのかを想像しておけば、戸惑うことも少なくなるでしょう。あるいはまったく新しい仕事をしている自分を想像してみるのもいいでしょう。このように新しい環境で生活している自分を想像してみるのです。

はじめは馴染みがなく違和感を感じるかもしれません。しかし、実際起きていることではなくマインドの中で起きているだけなので大丈夫です。

私たちの可能性を閉じ込めるものは自分の中にあります。自分の中の不安感、恐怖感といったものが私たちの行動を制限します。

それらを克服するには想像力を使って、自分を縛っているイメージの外に出る必要があります。そして、「ビジュアライゼーション」によって映像化を繰り返すうちに、アウェイがホームと同じように馴染みの場所に変わっていきます。

◇人生を変えるために馴染みの場所から離れる

コンフォートゾーンの外側では、バカな失敗をよくやってしまいます。失敗して恥ずかしい思いをします。さらに、その恥ずかしい思いをセルフトークで何度も繰り返して再体験します。そうなると、もう二度と恥ずかしい思いをしたくないので、馴染みのものから離れられなくなります。いつもの友人と一緒にいたり、いつもの職場で同じような仕事をしたり、行きつけの店にいきます。そうしている限り恥ずかしい思いをしないので安心です。そのまま新しいチャレンジもせず、慣れ親しんだ快適な場所に留まり続ければバカな失敗をするカッコ悪い自分と出会うことはありません。

しかし、それではいつまで経っても人生はいまのままで代わり映えはしません。変わりたいと願うのであれば、コンフォートゾーンの外に出ることです。

そのためにはゴール設定とビジュアライゼーションで、コンフォートゾーンの外側の世界を慣れ親しんだ場所にしてしまいましょう。高いゴールを設定して、そこにいる自分を映像化するのです。私たちにはもともと想像力が備わっています。それを信じて、新しい未来の自分を創造しましょう。

★実践ワーク

私たちはコンフォートゾーンの中でしか自然なパフォーマンスを出すことができません。そして、コンフォートゾーンの外側へ出ることを拒みます。それはコンフォートゾーンの外側はスコトマだらけであり、頭も働かず、緊張と不安を感じ、身体が思うように動かないからです。

しかし、人間が凄いのはどんな所もコンフォートゾーンにしていけることです。はじめは違和感があっても、そこに身を置き続けると、次第にそれに馴染みコンフォートゾーンにしていけます。物理的に身を置かなくても、想像力を使ってそれを馴染みの場所にすれば、コンフォートゾーンになるのです。それではさっそく練習してみましょう。

1　想像力を鍛える

想像力を強化する1つの方法は、実際に見たもの、聞いたもの、嗅いだものなどを詳細に思い出してみることです。

例えば、動画で美しい景色の映像を観てみます。その後に、目を閉じて、その映像を想像でできるだけ詳細に再現してみます。それを繰り返していくと想像力の解像度が上がっていくでしょう。

他の五感でもできます。音楽を聴いたら、それを想像の中で詳細に再現してみます。良い香りの匂いを嗅ぎます。それを想像しながらその匂いを感じてみるのです。

このように五感で実際に感じたものを、想像で再現してみるのです。それが詳細に描写できればできるほど、想像する力も付いているでしょう。

2　想像力を使ってコンフォートゾーンを広げる

想像力を使って、コンフォートゾーンの外側を馴染みの場所にしてみましょう。

①今はコンフォートゾーンではないけれど、これからコンフォートゾーンにしたいことを選びます。住んでいる所、仕事のこと、趣味のこと、家族のこと、お金のこと、健康のこと、社会貢献活動のこと、どんな分野でも大丈夫です。新しいコンフォートゾーンが何かを考えてみてください。レッスン7のワークで書いた未来のコンフォートゾーンから選んでもいいでしょう。

②①で選んだ未来のコンフォートゾーンの1つを、リラックスしながらイメージしてみてください。

【コンフォートゾーンを広げる、イメージトレーニング】
まずは、ゆったりと深呼吸をして力を抜いてみましょう。
そして、その時の自分をイメージしてみましょう。
あなたはそこで何をしていますか？
目の前に何が見えますか？
誰と一緒にいますか？

どのような音が聞こえますか？
どのような香りがしますか？
どのような味がしますか？
どのような感触が肌に感じられますか？
どんな感情を感じていますか？

これを何度も繰り返すと、そこがコンフォートゾーンになります。

③ほかの未来のコンフォートゾーンについても、同じようにリラックスしてイメージしてみてください。

④次に、それらのいくつかのコンフォートゾーンが合わさった映像を、リラックスしてイメージしてみてください。イメージしながら、その自分は、次にどんなことを目指しているのかを考えてみてください。そうすることによって、そのコンフォートゾーンにいることが当たり前になっていきます。

レッスン10――秩序と無秩序
～エネルギーと創造性の源～

マインドの原則⑩
人間はマインドの中で、常に秩序を求めている。

◇アメとムチは古いやり方

マインドを変えなければ、あらゆる可能性が制限されます。なぜならマインドは現状というリアリティを維持するのが仕事だからです。そのため、マインドを変えるためには、新しい現状、新しいリアリティが必要です。

コーチング理論が体系化する以前の人々は、マインドの仕組みが分かっていなかったので、外部から強制力を加えて、無理やりゴールに向かわせるようなやり方をしていました。いわばアメとムチによる方法です。

たぶん、いまもそのようなやり方を続けている人がいるかもしれませんが、それは健全な方法ではありません。

アメとムチによる方法は、一時的には功を奏するかもしれませんが、長続きはしないのです。自発的に動いているわけではなく、アメとムチがあるから動いていただけです。これらがなくなれば、元の生活、元の状態、元のパフォーマンスに戻ってしまうでしょう。長続きする方法は無理やりではなく、マインドを変えればいいのです。マインドが変われば、人は自然とゴールに向かいます。

このレッスンでは、マインドを変える方法をさらに学んでいきましょう。

◇ゴールを達成するために必要なのは「無秩序」

人生を変えるためにはエネルギーが必要になります。車が動くためにはガソリンが必要なように、人生を変えるためにも新たなエネルギーがいるのです。

問題はどこからそのエネルギーを調達するのか？　です。

車の場合であれば、ガソリンスタンドでガソリンを給油すれば済みますが、マインドのエネルギーはどこにも売っていません。自分で作り出さなければいけないのです。

その作り方ですが、新たなエネルギーはマインドによって作り出します。

まずは、レッスン5の『創造的無意識』のところで紹介したマインドの4つの機能を思い出してください。「リアリティを維持する」「矛盾を解決する」「エネルギーを作る」「目標に向かう」とあったはずです。

3つ目に「エネルギーを作る」とあります。つまり、もともとマインドにはエネルギーを作り出す能力が備わっていたのです。「リアリティを維持する」ためにもエネルギーが必要ですが、それは必要最低限の現状を維持するためのエネルギーです。人生を変えるために必要な新たなエネルギーではありません。

では、どんな時に新たなエネルギーが作り出されるのかというと2つ目の「矛盾を解決」する時です。

私たちにとって「矛盾」とは、「無意識」の中にある「リアリティ」と、外から得た情報が違っていた時にわきあがってくる違和感です。要は、思っていたことと現実が違った場合です。「いつも飲んでいる銘柄のコーヒーが切れている」「毎朝学校に行く時に通る家で今日は犬が吠えてこなかった」などが起きると「あれ?」と感じるはずです。この「あれ?」というのが認知的不協和であり、これを解消するために、会社からの帰り道にコーヒーを買い足したり、学校の帰りに犬がいたはずの家を少しのぞいてみたりするわけです。

そうやって「認知的不協和」を解消しようとします。必要性に駆られたり、好奇心に突き動かされたりすることで、いつもとは違うことをするのです。

これがマインドの生み出すエネルギーです。

このエネルギーはいままでの秩序が乱された時に生じるもので、ゲシュタルト心理学によると、人間は常にマインドの中で秩序を作ろうとします。自分の外側で起こることと自分の内側がぴったり合うことを望みます。自分の内側と外側との調和が取れていれば、大丈夫だと安心しますが、もしも、内側と外側とがぴったり合っていなければ、不安や緊張を感じ、それを取り除こうとマインドが働きだすのです。秩序を取り戻すためのエネルギー、これが人間を突き動かす原動力になるということです。逆に言えば、調和が取れている状態、問題が起きていない状態では新たなエネルギーも出てきません。

ということは、私たちがこれから学ぼうとしているゴール設定は、自分の内側の秩序が乱される「無秩序」を生む作業だということもできるでしょう。上のレベルを目指してより成長したいなら、ゴール設定により、現状の秩序を一旦壊して「無秩序」を作り出してから新たな秩序を作ることが必要なのです。

◇人生を変えるために必要なアイディアも「無秩序」から生まれる

人生を変えるためにはエネルギーと同時にアイディアも必要です。

なぜなら、ゴールに到達するために何をすればいいのかは自分で考えださなければいけないからです。

あなたのゴールはあなただけのものであり、その方法論もあなたに合ったものでなければなりません。ということは、あなた以外にそれを思いつける人はいないのです。

つまり、ゴールを達成するには、あなたが考える、あなたに合った、あなたのための新たなアイディアが必要になるのです。

そんなアイディアを思いつくことができるかどうか少し不安になるかもしれませんが、安心してください。あなたは絶対に方法を思いつくことができます。

非常に逆説的ですが、「無秩序」の中にいるあなただからこそ、創造性を発揮し、アイディアを生み出せるのです。

しかも、ただ単に現状の秩序を壊して「無秩序」にしているのではなく、ゴールという新しい秩序を前提として現状の秩序を壊しているからこそ、いままでにない新たなアイディアを創造的に生み出したり、見つけたりすることができるのです。

コーチングにおいて「ゴール設定の前に、その達成方法を知る必要はありません」「正しくゴールを設定すれば、方法はあとから見つかるのです」と教えるのはこのようなマインドの特性を利用しているからです。

ですから、躊躇することなく新たなゴールを設定してください。収入を上げるため、家庭を良くするため、環境問題を解決するため、社会全体を良くするために、これから多くのゴールを設定していきましょう。

正しくゴールを設定すれば、一旦「無秩序」となり、新たな秩序を作り上げるために自然と創造的になってアイディアが生まれてきます。

◇最も強い映像に向かうためにエネルギーと創造性が使われる

新しいゴールを設定すると、そこには新しいコンフォートゾーンが生まれます。しかし、新しいコンフォートゾーンは決して『無意識』にとって居心地のいい場所ではありません。コンフォートゾーンとは名ばかりのアンコンフォータブルな空間です。

言うなれば、転校するようなもので、新しい場所にはどんな人たちがいて、どんな習慣があって、どんな生活様式なのかも分かりません。期待もある一方で不安もあるのですから、いままで通りの居心地のいい空間とはいきません。

現状のコンフォートゾーンとゴール側の新しいコンフォートゾーンが『無意識』の中で共存している状態、これがいわば「無秩序」な状態です。

いままでの居心地のいい場所を出て、未知の場所で自分の居心地のいい場所を作る作業。この作業にエネルギーと創造性が使われればいいのですが、おうおうにしていままでのコンフォートゾーンに戻りたくなります。「現実はそんなに甘くない」「いつもの場所の方が安全だ」などと考えはじめ、生み出されたエネルギーと創造性をいままでの自分に戻るために使ってしまいます。そして、収入や仕事のやり方も元通りになってしまいます。

たぶん、多くの人がこういったことを経験しているのではないでしょうか？

例えばダイエットを決意して暫くは食べるのも我慢していたものの、気づけば、普通に甘いモノを食べてしまって元に戻っているといった類の経験をしているはずです。

なぜ、こうなってしまったのかというと、「無秩序」によって生まれたエネルギーと創造性を元に戻るために使ってしまったからです。スリムな身体になっている自分を明確にイメージして臨場感を高められなかったからです。これは言葉を換えると自分がスリムな身体になっている状態をコンフォートゾーンにできなかったとも言えます。

ここで左の絵を見てください。

この絵が老婆に見える人もいれば、若い女性に見える人もいると思います。もともとそういう騙し絵なので、どちらに見えるのが正解というわけではありません。

少し解説をしておくと、老婆は白い頭巾をかぶり、下向きの視線で、大きな顎をすくめ、大きな鉤鼻をしています。一方、若い女性は右の奥を向いていて顔ははっきり見えません。羽根の付いた白い帽子をかぶっています。

馴れてくれれば、老婆も若い女性も簡単に見つけることができますし、老婆を見たあとに若い女性を見たり、若い女性を見たあとに老婆を見るといった切り替えも容易にできるようになります。しかし、同時に老婆と若い女性を見ることはできないのです。

これを自己イメージに置き換えると、現在の体型とスリムになった体型が『無意識』に共存している状態です。そして、臨場感がより高い方のイメージが選ばれ、そのイメージ通りになるようにエネルギーと創造性が使われるのです。

現在までの元の自分ではなく、スリムなボディになった自分を明確にイメージできれば、そこに進んでいくことができますが、元の自分しかイメージできなければ、元の自分に戻るほかないのです。

◇ゲシュタルトは同時には1つしか維持できない

新しいコンフォートゾーンへの臨場感を高めるには「ゲシュタルト」について理解しておく必要があります。

ゲシュタルトとは、全体性を持った意味のあるかたまりのことで、全体と部分とは双方向的に関係しあって意味が決まります。

ここでさきほどの騙し絵をもう一度見てください。

この絵の中には老婆と若い女性の2つの姿が描かれています。いわば、この絵の中には2つのゲシュタルトがある、ということです。老婆のゲシュタルトと若い女性のゲシュタルトがこの絵の中に同時に存在しています。

ただし、人は一度にひとつのゲシュタルトしか見ることができません。老婆のゲシュタルトを見ている時は、若い女性のゲシュタルトは消えてしまうのです。老婆が見えた時には若い女性は認識できなくなります。

では複数のゲシュタルトのうちからどうやって一つのゲシュタルトを選ぶのかというと、最も臨場感が高いゲシュタルトが選ばれるのです。

そして、選ばれたゲシュタルトによって、目の前の一つひとつの物事の意味も変わってきます。全体と部分とは双方向的に意味が決まるからです。

このことは老婆における鼻を見ると分かるでしょう。これを鼻とみると全体は老婆に見えてきます。これを顎とみると全体は若い女性に見えてきます。

逆もしかりで、老婆としてみると鼻に見え、若い女性としてみると顎に見えるということです。これがゲシュタルトの持つ双方向性です。このように同じ部分であっても、全体のゲシュタルトが変われば、部分の意味も変わってきます。

そのため、ゴールの世界にいる自分のゲシュタルトの臨場感の方が高くなると、目の前にあるもの一つひとつの意味がいままでとは変わってくるということです。

それは自分の中にある情報についても同じです。ゴールが変われば、過去の経験に対する意味解釈も変わってきます。ゴールを変えることで過去の経験に対する意味付けも変わるということです。過去に対する意味付けを変えたければ、過去を掘り下げるのではなく、新たなゴールを設定して、未来の自分のゲシュタルトに臨場感を持てばよいのです。

このようにゴールの設定を変えると、思ってもみなかった多くの認識の変化が自分の中で起きてくるのです。

その結果、自分の認識する目の前の世界も一変します。

◇現状とゴールとのギャップが大きいほどエネルギーと創造性も大きくなる

現状とゴールとのギャップが大きければ大きいほど、生み出されるエネルギーと創造性も大きなものとなります。これは輪ゴムを引っ張れば引っ張るほど、テンションが増すのと同じです。ですから、大きなエネルギーと創造性を生み出したければ、現状とゴールとのギャップが大きいものにしましょう。

前述したようにゴールを設定した時点では達成方法など分からなくても、臨場感の高まりとともに創造性が発揮されアイディアも出てきます。ただし、大きなゴールであればあるほど、現状に引き戻す力も大きくなります。せっかく大きなゴールを設定してエネルギーと創造性を生み出したのに、それが現状に戻るために使われてしまったら意味がありません。

新旧2つのコンフォートゾーンは綱引きをしています。その綱引きに勝つのは、より臨場感の高いほうのコンフォートゾーンです。

新しいコンフォートゾーンに比べて、現状のコンフォートゾーンのほうの臨場感が高ければ、生み出されたすべてのエネルギーと創造性は、いままでの自分の姿に戻すために使われます。

せっかく生まれたエネルギーと創造性を、原状復帰に使われないようにするには、ゴール側のコンフォートゾーンの臨場感を高めるのです。その方法がビジュアライゼーション（レッスン17）やアファメーション（レッスン18）です。

ゴール側の自分のゲシュタルトの臨場感を高めるためのワークを用意しましたので、トライしてみてください。

★実践ワーク

「ゲシュタルト」という耳慣れない用語がでてきました。ゲシュタルトとは、全体性を持った意味のあるかたまりのことです。そして、全体と部分とは双方向的に関係しあって意味が決まります。例えば、パズルも一つのゲシュタルトです。パズルの絵は全体としての意味をもっています。パズルを組み立てる時は、その全体の意味を意識しながら、各ピースの意味を推測して、適切な位置にピースを埋めていっているのです。全体としてのゲシュタルトが変わると、ピース（部分）の意味も変わり、違うピース（部分）も見えてくることをワークで体感してみましょう。

1　ダイナミックに変化するゲシュタルト

ゴールの世界も一つのゲシュタルトです。たいていの人は、現状のゲシュタルトに臨場感をもっています。ゴールを設定して、ゴールの世界のゲシュタルトが生まれると、自分にとっての重要性が変わり、目の前にある物の意味も変わり、いままで見えなかった物も見えるようになるのです。

（例）

現在、自分が銀行員だとします。そして、今後はレストランの経営者になることを決めたとします。レストラン経営者になるために「日本に１００店舗の健康志向のレストランを出店して、日本人の健康増進を図る」というゴールを設定しました。

すると、レストラン経営者としてのゴールのゲシュタルトが生まれ、それに臨場感を持つことで、目の前の飲食物に対する意味が変わっていることに気づきます。

例えば、目の前にコーヒーがあったとします。

いままでの銀行員の自分としては、目の前のコーヒーは、単なる眠気覚ましのコーヒーだったかもしれません。

しかし、未来のレストラン経営者としては、コーヒーは自分のレストランで出す飲み物という意味を持つでしょう。

そこから、レストラン経営者としてのゴールを実現するために、「健康志向のレストランでは、どんなコーヒーを出すのがいいのかな？」と考え始め、コーヒーに対する重要性が急に上がり始めます。その後は、世界中のコーヒーの情報がどんどん入るようになるはずです。これはいままでの銀行員というゲシュタルトでは入ってこなかった情報です。


【自分でも試しにやってみましょう】

①今の自分の職業とは、まったく別の職業を仮に1つ選択してください。今の職業とはかけ離れていればいるほど良いですが、ある程度想像できる職業のほうが、この後のワークがやりやすいと思います。

②その選択した職業になった自分をイメージしてみてください。そして、その職業で達成したいゴールを1つ設定してください。
③次に、目の前に見える物一つひとつが、そのゴールとの関係でどのような意味を持っているかを考えてみてください。いままでとは違う意味に変わったものがあるはずです。
④そして、そのゴールに臨場感を持つと、いままでは見えなかった情報が入り始めるのが分かるはずです。その結果、またゴールが変わるかもしれません。
⑤このワークを何度か試してみると、全体と部分とが双方向的に意味を与えながら、ダイナミックにゲシュタルトが変わっていくことが体験できるはずです。

新しいゲシュタルトを自由自在に作れるようになったら、目の前の世界をどんどん変えていくことができます。例えばビジネスでは、新しい商品や新しいサービスというのは、いままでのこの世にはなかったゲシュタルトです。そのゲシュタルトは、誰かがゴールを設定して、そのゴールの世界のコンフォートゾーンに対する臨場感が高まったことによって生まれたものなのです。

レッスン11――新しい映像へと進む
～現状を超えたゴール設定～

マインドの原則⑪

人は最も強いイメージを持つ未来像によってのみ、進むべき方向を修正し続けることができる。

◇マインドを変えるためにはゴール設定が必須である

マインドを変えるために最も重要なことは新たな「ゴール設定」をすることです。

新たなゴールを設定しないと、新しいコンフォートゾーンも生まれず、新たなエネルギーや創造性も生まれません。現在の居心地の良い場所、コンフォートゾーンにずっと留まり続けることになってしまいます。

もちろん、居心地の良い場所を全面否定はしません。ただし、そこに居続けると、いつもどおりの日常しかやってこないのです。

ですから、自分の生活を変えたい、自分自身を変えたいと思っている人にとって、新しいゴールの設定は不可欠なのです。

ただし、新しいゴールであれば、何でもいいかというと、そうでもありません。

人生を変えるためのゴール設定には、いくつかの条件があるのです。

このレッスンではその条件の一つを明らかにしていきましょう。

◇理想的な現状を目指してはいけない

ゴールを設定するための第1条件は、「ステイタス・クオの外側」というものです。

「ステイタス・クオ（Status Quo）」とは政策ディベートの用語で、一言で言えば「現状」のことです。ただし、ここで言う「現状」とは、現在の状況だけでなく現状の延長線上の理想的な未来も含みます。例えば、現在会社員の人は会社員であることが現状です。現在課長の人が、現状を変えるために「3年後には部長になる」という新たなゴールを設定したとしましょう。

しかし、このゴールでは、現状は変わらないままなのです。

なぜなら、課長が3年後に部長に昇進するというのは現状が理想的に推移したならば可能な未来だからです。もちろん簡単な未来だ、といっているわけではありません。理想的に推移した場合に実現可能であるものは「現状（ステイタス・クオ）」だという意味です。

現状とは言葉を換えればコンフォートゾーンです。コンフォートゾーンの内側にあるゴールは、どんなに高そうに見えても、それは現状の内側なのです。

新しいゴールの設定には、「現状の外側にゴールを作ること」が重要になります。

先にステイタス・クオ（現状）の外側にゴールがあって、その過程として部長、執行役員、社長になることが必要なのであればいいですが、それ自体がゴールであってはいけないということです。

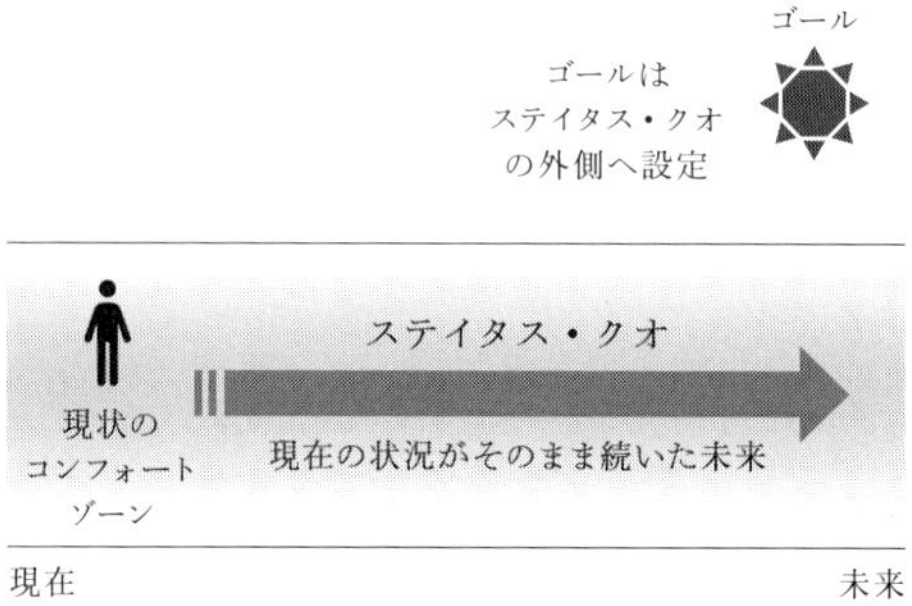

ステイタス・クオとゴール設定

そもそも職業や職位自体は、ゴールにはなりません。

職業や職位そのものは、自己イメージやコンフォートゾーンにはなるかもしれませんが、ゴールそのものにはならないということです。

とはいえ、職業などをゴールにするのは仕方ない部分もあります。

私たちの多くは小学校の時に将来の夢について書くように言われています。そこでは社長や公務員やプロスポーツ選手といったものを書いていたのですから、「ゴールを設定しましょう」と言われるとどうしてもそのクセで職業などを書いてしまいがちです。

しかし、ゴールとはあくまで未来の自分が何を実現しているか？　なのです。

社長になっているとか、転職して「〇〇」になっているといったものではなく、自分が何を達成しているか？　なのです。職業に関することで言うならば、「社長になる」ではなく、「社長になった自分が何を達成しているのか」がゴールになります。

◇ステップ・バイ・ステップ方式のゴール設定は自分を現状に縛り付ける

また、「ステップ・バイ・ステップ方式」でゴールを設定しなさいと教えるところもあるようです。

しかし、このやり方も「現状の内側にゴール設定」するやり方です。

なぜなら、一歩一歩方式というのはそこに行くための道筋が分かっているということだからです。

例えば、部長になるには何をすればいいのか？　どれだけの仕事を達成し、誰に気にいってもらえばいいのか？　がある程度分かるはずです。もちろん、運も必要でしょうが、やるべきことが分かっているというのは居心地が良い状態でしょう。

しかし、だからこそ、それはコンフォートゾーンの内側なのです。

新しいゴールとは「どうやればそれが実現できるのか、そのやり方さえも分からない」ことが鉄則です。

やり方が分かってはいけないのです。やり方が分かるということは同時にコンフォートゾーンの内側である証拠であり、そのゴールを目指しても、私たちを現状に縛りつけ、可能性を制限してしまうのです。

ですから、ゴールを設定する時には現状の外側であることが必要なのです。

◇現状の外側にゴールを設定する方法

しかし、現状の外側にゴールを設定しましょうと言われても簡単ではありません。なにしろ、私たちは現状に縛られています。その私たちが現状の外側に出るというのは実は至難の技なのです。

普通に考えていたら設定などできません。特別なやり方があるのです。

それが、「ゴールは大きければ大きいほうがいい」というものです。自分を大きく変革しない限り達成できないようなゴールです。それはとんでもなく大きなゴールになります。自分でもびっくりするほどのゴールで、人に言うのも恥ずかしい、憚られるような突拍子もないものがゴールになります。もちろん、突拍子もないものであれば、なんでもいいわけではありません。あなたが「やりたくて仕方ないもの」という大前提は外さず、突拍子もないものです。そういういままで想像すらしなかった途方もなく大きなゴールであれば現状の外側のゴールである可能性が高いでしょう。

しかし、新しい大きなゴールを設定してしばらくしたあと「これは現状の内側だった」と気づいたら、ためらわず、ゴールを新しいものに再設定してください。

多くの人が一度決めたゴールを変えるのはよくないと思い込んでいますが、ゴールは何度でも変えていいのです。間違ったと思ったらすぐに変えるのも現状の外側に出ていくための方法のひとつです。

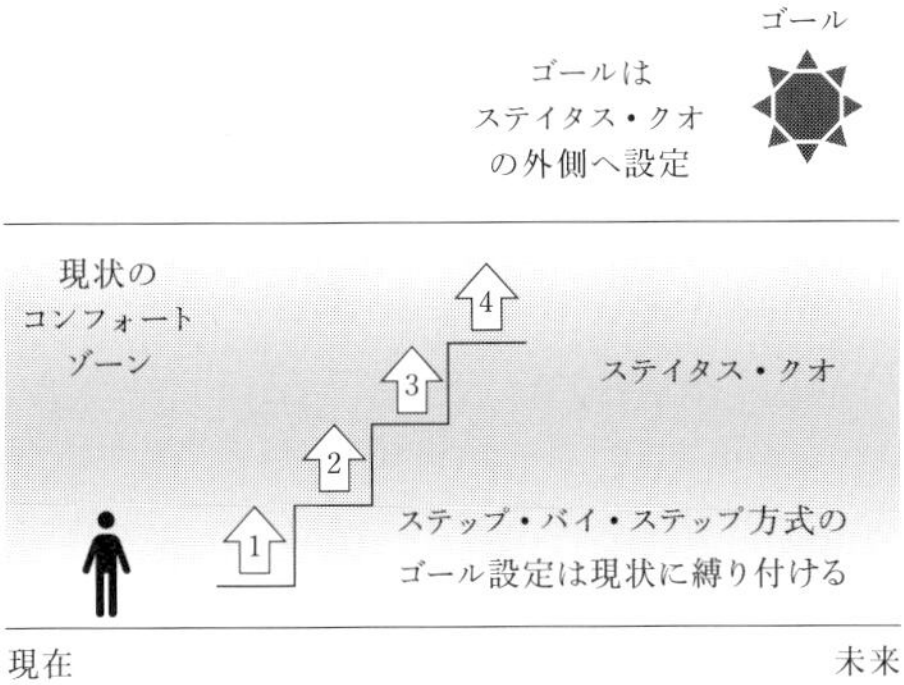

ステップ・バイ・ステップ方式と
現状の外側のゴール設定

いままでのゴールはコンフォートゾーンの中で想像したことによって設定したものになっていたことでしょう。しかし、想像力つまり、イマジネーションの限界が人間の限界です。人間は想像できないことはできないのです。

一方で、そのイマジネーションの限界を超えたところに革新的なものが生まれます。新たな可能性もその限界の先にあります。そのため、いまの自分のイマジネーションの限界を超えたところに、ゴールを設定しようとしていくことが、正しいゴール設定の仕方なのです。それが現状の外側のゴール設定です。

◇達成方法が分からないゴールを設定する

さきほども少し触れましたが、現状の外側にゴールを設定すると、実現するための道筋が見えません。

「達成方法や達成の道筋が分からないのにどうやってゴールに向かえばいいのか？」

ほとんどの人がこの疑問にぶち当たります。

そして、「もっと身近なゴールにしたい」と言い出すことになります。それは脳の持つ機能をいままで知らなかったからそう思っただけなのです。

前述しましたが、私たちの脳にはＲＡＳがあります。情報を取捨選択するフィルターで、「欲しい」と思っている情報を自然に見つけ出す機能です。

ゴールに向かう方法はＲＡＳが見つけてくれるのです。

突拍子もないゴールかもしれませんが、本気で達成したい、本気でそれを実現させたいと思っていると、それに関する情報を自然にキャッチするようになるのです。

といっても新しい情報が天から降ってくるというものではありません。その情報はもともと目の前にあったものなのです。あなたの目の前にずっとあったものなのに、あなたが興味を持っていなかったから、RASによって外されていたのです。

しかし、新しいゴールの設定とともにRASも再設定され、いままで見えていなかった情報が見えるようになるのです。

そして、創造性も生み出され、達成方法を次々と発見し始めます。ゴール達成に必要な人脈を探したり、新しいことを学んだり、身につけたくなります。ゴールが、知識や成長に対する欲求を作り出すのです。ゴールによってエネルギーと創造性が生み出されます。新しい情報が見えるようなったということは現状の外側のゴールを持ったということにもなります。

一方、夢が小さければ、欲求も小さいままです。低いゴールでは、少ないエネルギーしか生まれないのです。現状を前提としたゴール設定では、現状を維持するだけのエネルギーと創造性しか生み出せません。

ですので、思い切って、コンフォートゾーンの外側へ出てみましょう。現実的にならずに、ゴールを設定するのです。

ゴールを達成する方法など分からなくていいのです。

地図がなくても行き先は決められるのです。

冒険者として未来を開拓しましょう。

★実践ワーク

このレッスンでは、ゴールを設定する際は現状（ステイタス・クオ）の外側に設定するのが不可欠であることを学びました。現状の外側とは言い換えるとコンフォートゾーンの外側です。自分のゴールが現状の内側になっていないかを確認してみましょう。

1　達成方法が分からないゴール設定

ゴールが現状の内側に設定されているかどうかを確認するための一番簡単な方法は、ゴールの達成方法が分かるかどうかです。ゴールの達成方法が分かるということは現状＝コンフォートゾーンの内側にゴールを設定していることになります。

これを踏まえた上で、レッスン1で作成した「実現したいことリスト」をみてください。

一つひとつのリストに対して、

- 達成方法が分からないものは「○」
- 達成方法が分かるものは「✓」

の印を付けてください。

「✓」を付けたものは現状の内側のゴールです。例えば、「ゴルフコンペで優勝する」が入っていたとしましょう。それを実現させること自体は問題ではありません。しかし、コンペの優勝をゴールにしてしまうと現状に縛り付けられる、ということです。

ですから、「✓」付きゴールをもう一度よく見て、達成方法が分からないようなゴールにまで大きくできないか考えてみてください。もし大きくできたらそれをリストに加えてください。

(例)

- 自分の会社の社長になる→別の会社の社長になって、世界の飢餓をなくすための画期的な食料生産・分配方式を提供する。
- 車「○○」を所有する→歴史的価値のある車10台を所有し、博物館やイベントなどに無料で貸し出す。

ゴールを現状の外側に設定する重要性が分かったことで、そもそもいままでゴールとしていたものが自分を現状に縛り付けていて問題だったと気づく人も出てくるでしょう。それに気づいたらそのゴールはリストから削除するか、現状の外側に再設定してください。

2 現状の外側のゴール設定

現状の外側のゴールを設定するためには、自分に関するゴールだけでは足りません。自分を超えた様々なレベルにゴールを設定することが必要です。詳しくはレッスン14で学びますが、今から自分を超えたレベルのゴールを考え始めてみましょう。

対象	現状の外側のゴール
自分	・ ・ ・
家族	・ ・ ・
所属している組織	・ ・ ・
住んでいる地域社会	・ ・ ・
住んでいる国	・ ・ ・
他の国	・ ・ ・
世界	・ ・ ・

レッスン12――未来へ向かう自分を見る
～公式I×V＝Rイメージの再構築～

マインドの原則⑫

人間は、自分が信じた〝真実〟の通りに行動するものである。

◇リアリティを作る公式「I×V＝R」

このレッスンでは「リアリティ」の作り方を学びます。

その前にまず、「リアリティとはどういうものか？」をおさらいしておきましょう。通常、リアリティ＝現実とは目の前の物理的な世界のことを言います。

しかし、人間は物理的な世界ではなくても、リアリティを感じることができます。

例を挙げれば、悲しい小説を読むと涙が出てしまう、ということです。物理的な世界では本を読んでいるだけです。涙が出る要素はないのですが、涙が出てしまうということは物語の世界、つまり頭で想像した世界に、その人はリアリティを持ったために涙が出たということです。

人間は物語の世界にリアリティを持てる生き物です。ということは、自分で設定したゴールにもリアリティが持てるはずなのです。新しいゴールを設定するという行為は、新しい理想の世界を想像すると言い換えることもできます。その新しい理想の世界にリアリティを持つことでゴールは近づいてくるのです。

このレッスンではそのやり方を学んでいきます。

まずは「I×V＝R」という公式を覚えて下さい。

「I」はイマジネーション（Imagination）のことです。視覚的な情報だけでなく、嗅覚や聴覚、触覚といったほかの五感の情報も使って想像することです。

「V」はVividness＝鮮明さのことです。単に五感の情報が鮮明だということだけでなく、感情を伴わせるということです。

最後の「R」はリアリティ（Reality）です。現実感ともいいます。この公式に従うことでリアリティは作られるのですが、ポイントとなるのは「I×V」です。掛け算になっているのは鮮やかなイマジネーション作りを繰り返し行ってほしいということです。ただ想像するだけでは足りません。感情を動かすほど鮮やかな想像をすることです。そして、それを何度も繰り返します。

鮮やかなイマジネーションを繰り返す。これによって初めてリアリティができるのです。

◇I×Vによって現状とのギャップを生み出す

この時、何を想像するのかというとゴールを達成した時の自分の様子です。ゴールを達成している自分は日々、どんな仕事ぶりなのか？　夕食には何を食べるのか？　あるいはどんな家に住んでいるのか？　どんな人と一緒に暮らしているのか？　などを細かく想像してください。これを何度も行っていくうちに、マインドに新たなリアリティが刷り込まれていき、やがてそこに臨場感が湧いてきます。こうなると、私たちにはある変化が起きます。

それは現在の自分とのギャップです。

自分のゴールにリアリティつまり臨場感が湧けば湧くほど現実の自分の生活との開きに違和感が生まれてくるはずです。なぜなら、あなたの臨場感はすでにゴールの世界にいるのですから。ゴールを達成したあなたは、ゴールを達成したことによる自信や収入、生活レベル、心の満足感を得ています。しかし、現実の自分は違います。

この時、認知的不協和が発生します。「〝本来○○になっているはずの自分が○○でない〟という現実は間違っている」と創造的無意識が認識し、この認知的不協和を解消するために、自然に学習や練習を始めるようになるのです。なぜなら、マインドの中のリアリティと現実にギャップがあり、じっとしていられなくなるからです。

イマジネーションを上手に使って、素晴らしい未来を作っていきましょう。

◇ゴールを設定すると新しい自己イメージが生まれる

「ゴールは現状の外側に設定する。その際、ゴールに向かう方法が分かるのは現状の内側です。現状の外側とはいまの自分では想像できない世界です」（レッスン11）という話をしました。

ということは「ゴールを達成した自分を想像するのは難しいのではないか？」

そんな疑問を持った人もいたのではないでしょうか？

まさにそのとおりでゴールを設定した時点では、ゴールもその時の自分も鮮明にイメージをすることは難しいでしょう。

しかし、ゴールを設定したことにより新たな自己イメージが生まれてくるものなのです。そして、ゴールを達成した時の自分は、自分のことなので、ゴールそのものよりも先に想像しやすいのです。

ゴールを達成した自分はいまよりももっと高い能力を発揮しているでしょう。飛躍的なレベルの実績を収めているはずです。間違いなく、他人に寛容で優しく接しているでしょう。そこではどんな場所に住み、どんな人たちと日ごろ一緒にいるでしょうか。そういう自分を思い浮かべることはゴールを設定した後に、次第にできるようになってくるはずです。これらの新しい自己イメージが新しいリアリティとなり、新しいコンフォートゾーンを作るのです。

実は、この方法を使うとそれまでネガティブな意味を持っていた記憶もポジティブな意味を持つ記憶に書き換えることができます。

ゴールを達成した自分にとって「失敗」の記憶は逆に勲章です。例えば、あの時の失敗があったからいまの自分があったと言えるわけです。すべての成功者が語る失敗談、若気の至りは成長するための貴重な経験となっているわけですから。

レッスン10に出てきたゲシュタルトを覚えていますか？ ゴール側の自分のゲシュタルトができたので、それに伴って過去の意味解釈が変わったのです。

そもそも失敗とは現在のあなたがそう判断しているだけのもので、何が失敗かどうかは未来のあなたが決めるものなのです。

◇他人を眺めているだけでは自分は変わらない

最後にイメージする時のポイントを3つ挙げておきます。

1つ目のポイントは、一人称でイメージすることです。つまりゴールの世界で自分がどうなっているのかをイメージすること、です。公式「I×V＝R」のIは自己イメージつまり自分のことです。

同僚がすごい成果を上げたり、友達がお金持ちになったり、仲間が偉大な人になるのをイメージしても自分のマインドは変わりません。自分がそうなっている姿をイメージして、初めてマインドは変わるのです。

2つ目のポイントは、現在形でイメージすることです。「こうなっているだろう」ではなく、「こうなっている」という現在形でイメージしてください。現在形だからこそ、現実とのギャップにマインドは認知的不協和を起こすのです。公式「I×V＝R」のVはすでにこうなっているという現在形の未来のことです。現在形だからこそ、鮮明であり、感情も湧いてくるのです。

イマジネーションによって、一人称、現在形で体験しているイメージだけが、実際に起きたこととしてマインドの中の自己イメージを作り上げていきリアリティとなるのです。

3つ目のポイントは、「吸収」することです。

身近に称賛できる人がいたら、称賛するだけでなく、その人から「吸収」することが重要です。「あの仕事はすごい」「素晴らしい人だ」と他の人を称賛するだけでは、自己イメージには何の変化も与えられません。その人の特徴を抽出して、自己イメージに反映するのです。自分が称賛した相手と同じように仕事の成果を上げている自分、素晴らしいと感じる資質をすでに持っている自分、豊かに生活している自分をイメージしてください。有能だと思う人に、自分がなる練習をするのです。

イマジネーションにぴったりの感情をのせて、望むレベルまでいきましょう。

★実践ワーク

リアリティは、私たちのイマジネーションによって作られることを学びました。イマジネーションによるイメージが鮮明であればあるほど、高い臨場感が感じられ、そのイメージはリアリティとして保存されやすくなります。いままでの自己イメージもそのようにして作られてきました。そのカラクリを公式にしたのが「I×V＝R」です。この公式「I×V＝R」を使って、未来の自己イメージを作ってみましょう。

1　公式「I×V＝R」を使ってゴールの世界の自己イメージを作る

ゴールは現状の外側に設定しますので、設定した時点ではゴールを鮮明にイメージすることは難しいものです。そこで、はじめにゴールの世界の自己イメージを作り、コンフォートゾーンをゴール側へと移行させます。そうすることで、ゴールの世界も次第に見えるようになってきます。現状の外側のゴールにいる自分をイメージしてみましょう。

①レッスン11のワークの表に書いた現状の外側のゴールのうち、自分以外のゴールを一つ選んでください。

（例）世界から戦争をなくす

②①で選んだゴールを達成した時のコンフォートゾーンにいる自分をイメージしてみてください。
次の質問を自分に投げかけながら、五感の情報を使って、感情豊かにイメージしてみてください。

【未来の自分をイメージする】
ゴールの世界では、
どんな場所に住んでいますか？
どんな家に住んでいますか？
どんな人と一緒にいますか？
どんな人と活動をしていますか？
熱心に取り組んでいることはどんなことですか？
他にはどんなものが見えますか？

（例）世界の戦争が無くなった時のイメージそのものは、すぐには湧いてこないでしょう。戦争がないだけだからです。戦争をなくすというゴールを達成するために自らも何かしらの活動をしてゴール達成に貢献した自分は、今とは違う自分のはずです。世界の戦争をなくすための活動の功績から、国連でスピーチをしているかもしれませんし、各国の首脳の顧問としてアドバイスをしているかもしれません。その自分を、今まさに起こっているかのように現在形でイメージしてみるのです。

③イメージがしづらかったら、そのための材料がまだ少ない可能性があります。RASを上手に使って、その自己イメージが作りやすくなるように材料を集めてみてください。

④別の現状の外側のゴールに対しても、②の質問を使って、未来の自分を現在形でイメージしてみてください。

⑤毎日のように何度も、何度も繰り返しイメージしてみてください。やがてそれが当たり前の自己イメージとなり、コンフォートゾーンが移行しているのを感じられるはずです。その時には現状にも強い不満が生まれているでしょう。その不満のエネルギーを、ゴールを実現するためのエネルギーに使っていきましょう。

2　他の人の良いところを自分に吸収する

憧れるような他人を眺めているだけでは、自己イメージは変わりません。イマジネーションによって、一人称、現在形で体験しているイメージだけが、実際に起きたこととしてマインドの中の自己イメージを作り上げていきます。ですから、自分が尊敬しロールモデルにしたいような人物がいるとしたら、その人の特徴を抽出して、自分に吸収すればよいのです。

①自分が尊敬し、ロールモデルにしたい人物がいたら、その人の素晴らしいと感じられる所や特徴や資質などを抽出します。

（例）

- 誰に対しても分け隔てなく丁寧に接している
- いつも型にはまらない発想をして皆を驚かせている
- どこでも堂々として自分の考えを伝えている
- どんな大勢の前でも自宅にいる時のようにリラックスして話している

②前のワークで行った現状の外側のゴールにいる自分をイメージする時に、①で抽出した取り入れたい特徴をすでに自分が持っているものとして、未来の自分をイメージしてみてください。

レッスン13——未来思考
～現在の思考が未来を作る～

マインドの原則⑬

人は、考えていることが実現するように行動するものである。現在の思考が未来を決定する。

◇人間はランダムではなく目標に向かって進む

人間は、ただ闇雲にあちこちへと動き回っているわけではありません。たとえ酔っ払ってフラフラになっていても、ちゃんと家にたどり着きます。旅行や出張では、乗り物の遅延があっても、目的地にたどり着くことができます。誰かとの待ち合わせの場所にも、多少道を間違えたり、人に道を聞いたりしながらだとしても、きちんとたどり着くことができます。それは、人間は目標に向かって進む性質があるからです。

このことを理解するために『創造的無意識』の機能を再び見ていきましょう。

『創造的無意識』には、次の4つの機能があり、①～③はすでに学んできました。

ここでは最後の4つ目の機能「目標に向かう」について詳しく説明していきます。

①リアリティを維持する（レッスン5）
②矛盾を解決する（レッスン5）
③エネルギーを作る（レッスン10）
④目標に向かう（レッスン13）

人間がランダムには行動せず、目的を持って目標に向かって進んでいく性質を「テレオロジカル」といいます。人間は「テレオロジカル」な生き物であるため、常に目指す先を求めています。逆に言えば、目指す先がなくなると混乱するので、目指す先を常に考えているとも言えます。

◇人間は考えていることが実現するように行動する

目標に向かって進むというと自分が望むゴールに向かって進むと思ってしまいますが、ゴールに向かって進むだけとは限りません。頭の中に思い浮かんでいるものが目標となって、そちらに向かって無意識に進んでしまうこともあるのです。

例えば、いつも心配ばかりしている人は心配事のほうに自然に進んでいってしまいます。起こって欲しくないことを考えれば考えるほど、そちらに引き寄せられてしまうのです。

子どもの自転車の練習風景を見ているとそれがよく分かります。

補助輪なしでようやく乗れるぐらいの時に、目の前に障害物があったとしましょう。本人は障害物を避けようと思うのですが、なぜか、ぶつかってしまうということがよくあるはずです。これも同じ理由で、目標物を見てしまうと、人はどうしてもそちらに進んでしまうものなのです。目で見たものであっても、想像したものであっても、私たちにとってそれは「目標」です。その目標が決まったら、私たちは自動的にそこに向かって進んでいきます。

ですから、朝起きた時に「今日は気持ちのいい日だ」と思えば、その日を気持ち良く過ごそうと行動します。「今日は悪いことがありそうだ」と思ってしまうと、良い出来事に対してストマを作ってしまいます。その結果、悪いことしか見えなくなり、本当につまらない一日を過ごすことになってしまいます。自分の思考によって予言した通りのことが実現するように無意識が働くのです。

つまり、その日がいいか、悪いかは、あなたがどう思うか次第なのです。これを「自己充足的予言」といい、「現在の思考が未来を決定する」というマインドの重要な原則のひとつです。

◇現在の思考が未来を決定する

いま考えていることで未来が決まるのですから、自分の思考は積極的にコントロールしていきたいものです。

例えば、いま現在、仕事や健康、人間関係で大きな問題を抱えていたとしましょう。それを解決するためにその問題がどういうものか把握することはとても大切です。

しかし、それ以上に大切なのが次にどうなっていたいのかを考えることです。問題を無視しろというのではありません。問題を見続けてしまうことが問題なのです。必要以上に見続けると問題から逃れられなくなってしまいます。

ですから、いまの問題となっている状況を一度把握したら、自分に問いかけるようにしてください。

「この問題が解決したらどうなるのか？」

このような問いかけをすることで、問題が解決したあとの未来の姿を思い浮かべるようにするのです。

また、ここで重要になってくるのが「思い浮かべる」ことです。そもそも人間はその目指す先、目標を映像として考える習性を持っています。実際、何かを思い出す時は文字ではなく、映像として思い浮かべているはずです。これと同じで、目指す目標も映像として捉えています。ですから、悪いイメージを思い浮かべてしまったら、その置き換えの映像として、「問題が解決したあとの姿」に上書きしていってほしいのです。

加えて、この理屈を理解しておくと、他人への声掛けも変わってきます。

例えば、事故を起こしやすい人が車を運転する時に「事故を起こさないように気をつけなきゃダメよ」と声を掛けてはいけません。本人がせっかく忘れていたことを、わざわざ思い出させる行為になるからです。一旦、事故のことを考え始めてしまうと、事故の時の映像が頭の中にリフレインされるので、事故を起こしやすくなってしまうのです。

もしも、組織にいる人たちが悪い映像を思い浮かべる人ばかりだとしたら、組織が望まない方向へ導かれてしまいます。そうならないためにも「現在の思考が未来を決定する」ということを理解して、いま何を考えるのかをコントロールしていきましょう。

◇時間は未来から過去へ流れている

「現在の思考が未来を決める」という時に重要になってくるのが時間の捉え方です。多くの人は、時間は過去から現在、そして未来に流れていると感じています。そのため、現在考えていることや未来に起こせることの根拠を過去に求めます。過去に起きたことが原因で、現在あるいは未来に起きることがその結果という考え方です。これを「過去思考」と言います。

過去思考の人は、いつも過去に原因を求めるため、現在のコンフォートゾーンの延長線上にしかゴールを設定することができません。ゴールを設定する上で、これは大きな障害となります。

実は、時間の流れは逆で、未来から現在そして過去へと流れています。

いままで時間は過去から未来へと流れていると感じてきた人はビックリするかもしれませんが、過去から未来へ時間が流れていると認識することも未来から過去へ時間が流れていると認識することも可能なのです。

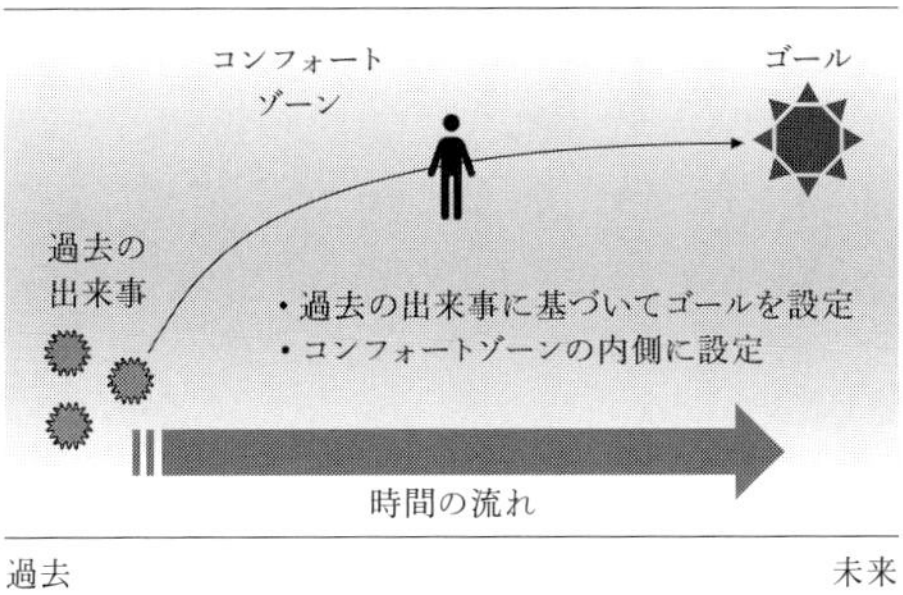

過去思考

実際、それを体感してみましょう。

現在、あなたはこの文章を読んでいます。一時間後、この文章を読んでいたことは一時間後の過去になっています。つまり、「現在」が「過去」になったということです。時間の経過とともに、現在この文章を読んでいることは、どんどん遠くの過去になっていきます。

どう考えても「過去」が「現在」になっていません。

では「現在」起きていることがなぜ起きているのかというと、どこかの時点で「未来」に行うと決めたからです。それが「現在」起きていることのはずです。例えば、スケジュール帳に書き込んだことは、時間が経過して、今日「現在」行うことになっているはずです。

実は、時間は川の流れのようなもので、上流が未来、下流が過去なのです。あなたはその時間の川の真ん中に立っているのです。

こう考えれば、時間は未来から過去に向かって流れているのがすんなり理解できるはずです。

時間は未来から過去に向かっているのです。

ですから、原因は未来にあり、現在それが起こり、結果は過去になるという考え方ができるのです。

これを「未来思考」といいます。

ゴール設定するとは、時間が未来から過去へと流れている中で、未来に原因を作ることです。

時間は未来から流れてくるのですから、ゴールは過去とは一切関係なく設定していくことが重要なのです。

そして、どんどん遠ざかっていく過去にとらわれず、これからやって来て欲しい未来の映像を思い描いていくのです。

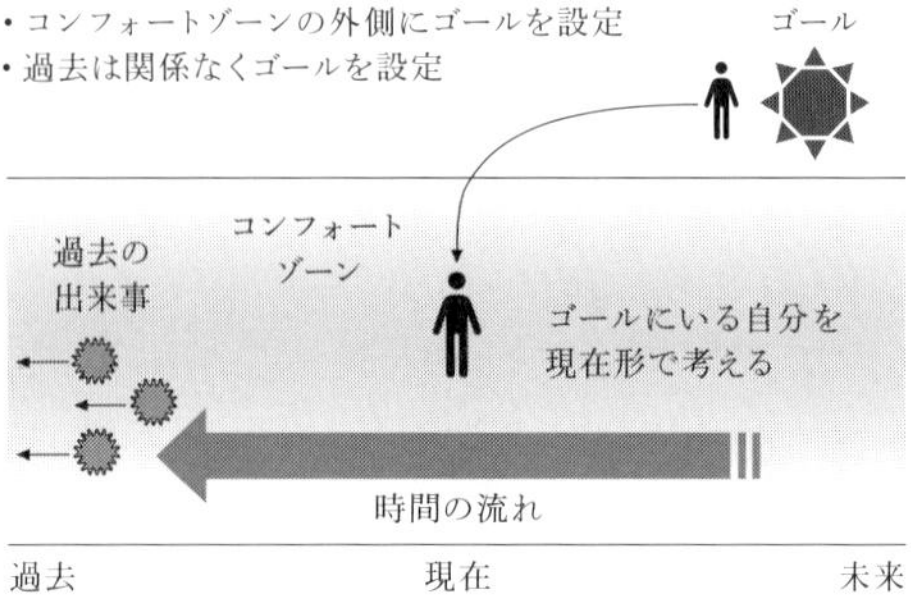

未来思考

◇未来を基準に考える「未来思考」

「未来思考」であれば、未来を基準に考えることができます。

未来を基準に考えるとは、すでに存在しているように未来を考えることをいいます。具体的には、未来のことでも現在形で語る、ということです。

試合に勝った。

学位を取った。

ビルを建てた。

売上げを上げた。

未来のゴールはすでに達成したものとして、マインドの中で記述されていきます。

その一方で現状を見てみると「練習すら始めていない」「工事すら始めていない」「必要な成績に達していない」「商品をまだ開発していない」となった時、私たちは「この現実はおかしい」と考えるようになります。認知的不協和の発生です。

未来ではすでに結果が出ているのに現在がこんなことはありえないわけで、このギャップを埋めるために行動を起こすようになるのです。

未来をすでに起きているものとして自分自身に語れば、これまでの秩序は壊れ、新しい秩序を作るためのエネルギーと創造性が生み出されます。

ですから、「いつか、金持ちになっている」ではダメなのです。これではエネルギーは生まれません。

いままでの秩序を壊すこと、ギャップを作ることが、エネルギーやアイディアを生み出す原動力となります。
人生のあらゆる方面で、「どうなりたいか」に集中して映像を描きましょう。
ロックオンするのは「そうなっている」という理想の映像です。
私たちは選んだ未来の映像へと向かうのです。

◇すべての重要かつ永続的な変化は内側からはじまる

レッスン13の最後はマインドの変化の法則をお伝えしましょう。

自分の内側でイメージしたことが、
外側の現実世界に広がっていく

マインドの内側から外側へ広がる

マインドの重要かつ永続的な変化は内側から起こさなければいけません。外側からいくら強制されても無理なのです。誰にも他人を無理に変えることはできません。腕力で変えることもできませんし、脅してもダメですし、権力を振りかざしても無理です。強制力を使って変えるやり方は、強制力がなくなれば元に戻ってしまうのです。

マインドを変化させるには外側からではなく、内側からです。つまり、自分のあるべき姿は、自分で変える、これしかないのです。そして内側が変われば、それに伴って外側も変わってくるのです。

まるで水面に垂らした水滴が波紋を外側へ広げていくように、想像力を使って内側で起こした変化が外側の現実世界へと広がっていくのです。

〝All meaningful and lasting change and growth starts first on the inside and then works its way out. -Lou Tice-〟

★実践ワーク

時間は未来から現在、そして過去へと流れていることを学びました。川の流れで例えると上流が未来で、目の前が現在、そして下流が過去です。その時間の流れの中では、思考の基準は未来におく必要があります。未来が原因となって、現在に起きることが決まるのです。そして起きたことは、過去へとまさに過ぎ去っていきます。これからやってくる現在を決めるのがゴール設定です。未来に置いたゴールは、川が流れるように時間が経ってこれから現在へとやってきます。過去に依らず想像の限界を引き上げて、未来に素晴らしいゴールを置いてみましょう。

1　未来を基準にして想像力の限界を引き上げる

未来を基準に考えるといっても、近い未来を基準に思考していては、結局は現状の延長線上の未来を考えることになる可能性があります。そして、私たちの能力の限界は、想像力の限界で決まります。そのため、思い切って遠くの未来を基準に思考して、想像力の限界を引き上げてみましょう。ここでは100年後の未来を基準に考えてみます。ほとんどの人が考えたことがないかもしれませんので、想像の限界を引き上げることに役立つはずです。

①100年後の未来を次の視点で考えてください。

・自分の職業は、100年後にはどうなっていると思いますか？

- 自分の住んでいる街は、100年後にはどうなっていると思いますか？
- 日本は、100年後にはどうなっていると思いますか？
- 世界は、100年後にはどうなっていると思いますか？
- 地球は、100年後にはどうなっていると思いますか？
- 人類は、100年後には何を成し遂げていると思いますか？
- ○○は、100年後にはどうなっていると思いますか？　○○には自由に考えてみたい対象を入れてください。

②次に質問を変え、起こしたい未来を考えてください。

- 自分の職業は、100年後にはどうなっていて欲しいですか？
- 自分の住んでいる街は、100年後にはどうなっていて欲しいですか？
- 日本は、100年後にはどうなっていて欲しいですか？
- 世界は、100年後にはどうなっていて欲しいですか？
- 地球は、100年後にはどうなっていて欲しいですか？
- 人類は、100年後には何を成し遂げていて欲しいですか？
- ○○は、100年後にはどうなっていて欲しいですか？　○○には自由に考えてみたい対象を入れてください。

③②の100年後の未来の望ましい姿を考えた時に、どんなゴールを新たに設定した方が良いですか？　自分の新たなゴールが生まれてきた人は、そのゴールをリストに加えて下さい。そして、そのゴールの世界の自分を公式「I×V＝R」でありありとイメージしてみましょう。

2　自己充足的予言を使って素晴らしい一日を過ごす

私たちの思考は未来の予言となります。考えたことが実現するようにマインドが働くからです。「今日は素晴らしい一日になる」と朝に考えた人は、一日の中で素晴らしいことが起きている証拠を次々と見つけることでしょう。一方で、「今日はついていない悪い一日になる」と朝に考えた人は、一日の中で悪いことばかりが目につくようになります。毎日を素晴らしい一日にするために、朝起きたら「今日は素晴らしい一日になる」と自分自身に言ってから、一日をスタートさせましょう。

レッスン14――隠された真実
〜ゴールを先に、認識はあとから〜

マインドの原則⑭

ゴールがあるからこそ知覚できる。

◇見えなくても聞こえなくても存在するものがある

人間の五感で知覚する能力はとても限定されたものです。光については、赤と紫の間の色しか見えていません。赤外線や紫外線は実際には存在しますが、感知することができません。私たちは暗闇でモノを見ることもできません。

音については、人間は20ヘルツから20キロヘルツの間しか聞こえません。一方で、イルカは人間の7倍高い音を聞くことができ、超音波を発して、餌を探したり仲間とコミュニケーションを取ったりしていることが知られています。犬の嗅覚は、人間の5000倍もあるそうです。警察犬は人間には分からないような微かな匂いを手がかりに犯人の足跡を追っていくことができます。

人は、見えないもの、聞こえないものを「存在しない」と言います。しかし、大切なのは、見えなくても、聞こえなくても、匂わなくても存在するものがあるということです。

ですから、マインドをオープンにして、創造的になる必要があります。現状にとらわれずに、常に可能性を考える必要があるのです。

◇ゴールがあるから認識が生まれる

RASを覚えていますか？

RASは、五感を通じて知覚した情報から、重要な情報だけを知らせてくれる脳内のフィルターシステムとして機能しています。

RASは、たえず優秀な秘書のように働いてくれます。秘書は、迷惑メールや不要な郵便物や営業電話などの面倒なものは知らせないでくれます。このように、何を知らせて何を知らせないのかをあらかじめ決める仕事をしています。

では、RASは何の秘書なのかというとあなたのゴールの秘書です。

何が重要なのか、情報の選別ができるのはゴールが決まっているからです。そのため、新しいゴールを設定すれば、重要なものも変わり、これまで不必要だと捨てられていた情報が選別され、認識できるようになります。

これを別の言い方でいえば「ゴールがあるから認識が生まれる」となります。

もしも、ゴールが何もなければ、重要なものも何ひとつなく、RASは何を通してよいのか分からないので、なんの認識も生まれません。

ですから、よく「何もゴールを持っていないです」という人がいるのですが、そういう人であっても、少なくとも「現状を維持する」というゴールは無意識に持っているはずなので、現状を維持するために必要な情報は認識しているのです。

しかし、現状を維持するために必要な情報とは、いまのコンフォートゾーンの中の情報なので毎日代わり映えのしない情報しか認識できません。実際の世界は毎日刻一刻と変化しており、知らない新しい情報が日々生み出され続けていますが、それに気づくことはないのです。しかも、いままでのコンフォートゾーンの中にある情報は日々古くなっていきますから、現状維持がゴールの人は、RASを通して認識できるものがどんどん少なくなっていきます。時代に取り残されていくという現象はこのようにして発生します。

◇ゴールが先、方法はあと

逆に、ゴールがあれば、ゴールに関係した情報を次々と認識できるようになります。そのため、ゴールを設定する時点では、ゴールを達成するための方法を知る必要はないのです。これがゴールを達成する方法は後から見えてくる、ことの仕組みです。

ところが、ほとんどの人が先に達成する方法を求めます。どうすればゴールに近づけるのか、その方法、その方法を裏付ける証拠、成功例、そして自分にもそれができるという再現性、こういったものを求めます。

しかし、いままでにない新しい未来を創造するということはやり方や成功例などあるわけがありません。もしあれば、それは新しい未来ではありません。

ですから、ゴールを設定する時点で、成功するための方法やその証明などはなくていいのです。もしあったら正しいゴール設定ができていないということです。

ゴールを設定する時点では、証拠は不要ということが分かれば、心から望む未来だけを一切の妥協なく創造しましょう。そうすれば、必要な物は見つかります。

いえ、そうしなければ、逆に見つかりません。

よく会社などで新しい仕事の提案をすると、「方法は分かっているのか？」「どこにそんなお金があるんだ？」「どこで必要な人材を探せばいいんだ？」と聞いてくる人がいます。

しかし、そんなものは分かりません。分かっていなくていいのです。もし分かっていたらそれは新しい価値を持つ仕事ではないでしょう。

ですから、答えは「分かりません。これから見つかります」でいいのです。

相手が「勝手にしろ」「お手並み拝見」とでも言ってきたらしめたものです。方法を見つけてゴールに到達しましょう。

◇視点を高めればより多くの情報が見えてくる

新しいゴールを設定すれば、いままで見えなかった情報が見えてきます。これは確かですが、設定するゴールによっては少ない情報しか見えないこともある、ということには注意が必要です。

それでは、どんなゴールを設定すれば、いままでは見えなかった情報がたくさん見えてくるのでしょうか？

例えば、ビルの1階の窓から見える眺めよりも、10階の窓から外を見たほうが多くの建物や人や車が見えることでしょう。

さらにエレベーターで60階まで昇るとどうでしょう。いままでは見えなかった遠い他県の高い山や競技場、見知らぬ公園などが見えてくるでしょう。眼下には数え切れないほどの建物と乗り物と人の存在も感じられるはずです。

このように視点が高ければ高いほど、より多くの情報が見える可能性が出てくるのです。

さて、この物事を観る視点の高さを「抽象度」といいます。意味は抽象化の度合いのことで

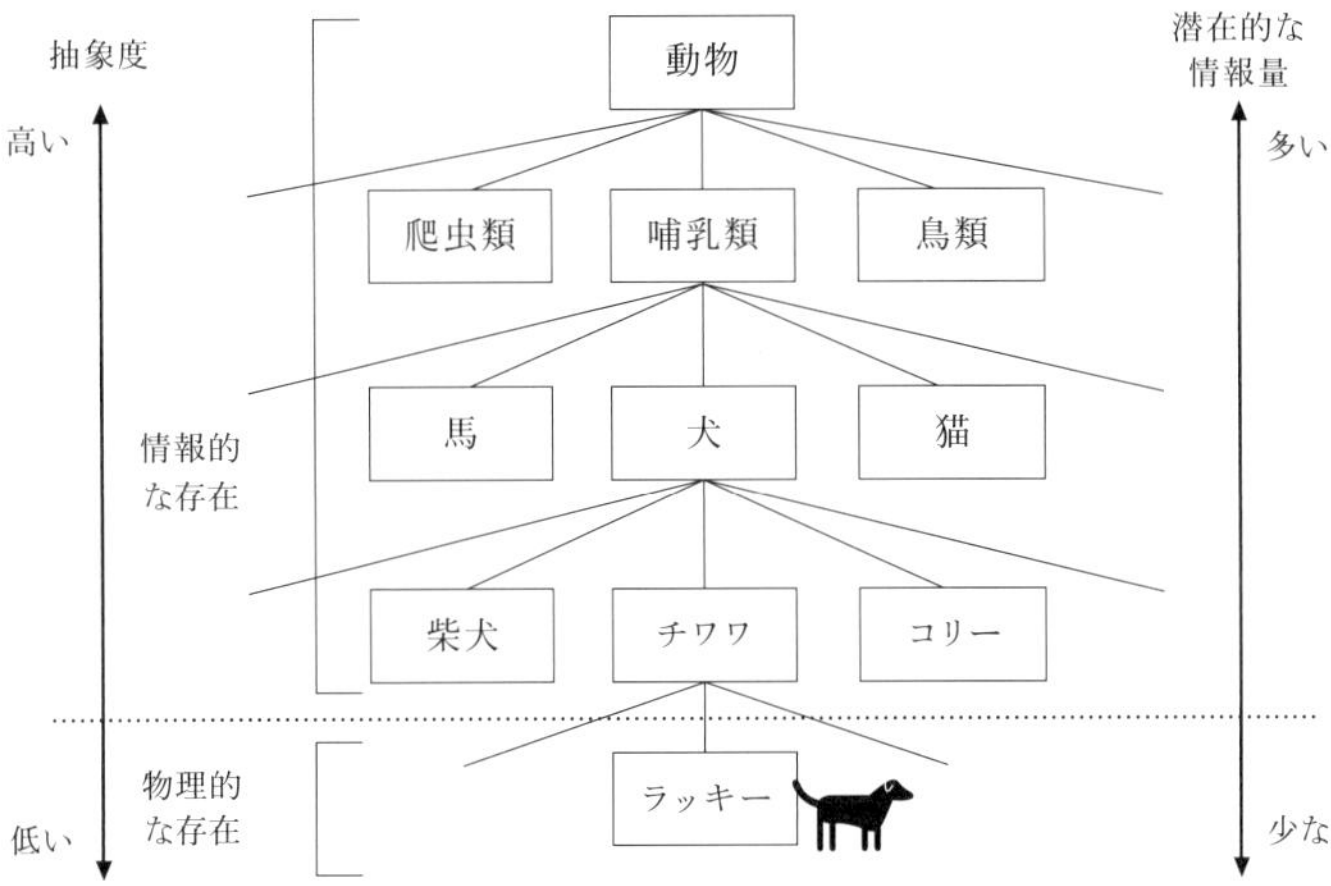

抽象度

す。抽象化の反対は具体化ですから、抽象度が高いほど抽象化の度合いが高く、低いほど具体化されていきます。

上の図を見てください。

「動物」というのは物理的な存在ではなく、情報的に抽象化された概念です。ここで「動物」の抽象度を下げると、「哺乳類」「爬虫類」「鳥類」などになります。

「哺乳類」の抽象度をさらに下げると、「犬」「馬」「猫」というように具体化していき、「犬」の抽象度を下げると、「チワワ」「柴犬」「コリー」というように具体的な犬種になっていきます。

「チワワ」の抽象度を下げると、「ラッキー」というように飼い犬の名前や個体の情報になっていきます。

ですから、「ラッキー」から抽象度を上げてください、と言われたら、「ラッキー」↓「チワワ」→「犬」→「哺乳類」→「動物」の順に上がっていきます。

抽象度を上げるとツリーは大きく広がり、存在の数は増えます。例えば、犬の幸せだけを考えたゴールより、哺乳類全体の幸せを考えたゴールの方が、より多くの存在を幸せにできるということです。

このように抽象度を上げることによって、より多くの存在を対象とすることができるのです。仮に抽象度を1つ上げるだけでも、爆発的に対象となる潜在的な情報が多くなるのが分かるでしょう。

いままでよりも多くの情報が見えるようになるには、いまの自分が持っているゴールの抽象度よりも、より高い抽象度のゴールを設定すればいいのです。

◇現状の外側のゴールとは、より抽象度の高いゴールである

レッスン11で、ゴール設定の重要なルールとして「ゴールは現状の外側に設定する」ということを学びました。その時に、どうやったら「ゴールを現状の外側に設定する」ことができるのだろうかと疑問に思った方も多いと思います。

また、「ゴールは大きければ大きいほど良い」といってもピンと来なかった方もいるでしょう。

その答えは、いままで自分が持っていたゴールの抽象度よりも、より高い抽象度のゴールを設

定すればいい、ということになります。

例えば、多くの人が設定しているゴールは、自分に関してのことです。「自分は何が欲しい」とか、「自分は何ができるようになりたい」とか、「自分がどこに行きたいか」など、自分についてのゴールです。

自分というのは、先ほどの図の「ラッキー」と同じく、一番抽象度が低いものです。

そのため、自分の幸せだけを考えたゴールでは、一番抽象度の低いゴールになってしまいます。

自分だけが幸せになるより、家族も幸せになるゴールを設定した方がいいはずです。自分の家族だけが幸せになるより、他の家族も幸せになった方がより幸せなはずです。さらに所属している組織の全員が幸せになったらどうでしょう？　住んでいる国の全員が豊かで幸せになったらどうでしょう？　では、世界中の人が幸せになったらどうでしょう？

このように自分を含めた、より大きな存在に対してゴールを設定していくと、現状の外側のゴールになるはずです。

抽象度を上げたところにゴールを設定すると、そのゴールを達成するための方法が一旦、わからなくなるでしょう。

しかし、それでいいのです。それこそが、現状の外側のゴールになります。

また、より抽象度の高いゴールを設定すると、自分の重要なものが大きく変わることになります。重要なものが大きく変わったら、自分も大きく変革しない限りそのゴールは達成できなくなります。また、いままでに身につけたハビットやアティテュードも大きく変える必要が出てくるでしょう。

そして、重要なものが大きく変わった結果、いままでスコトマに隠れて見えなかった情報がRASを通じて怒涛のように押し寄せてくるでしょう。言い換えれば、ゴールを設定した時点ではまったく見当も付かなかった達成方法が次第に見えてくる、ということです。これこそがマインドの上手な使い方になります。

まずはいままで自分が持っていたゴールより、一段上へ抽象度を上げてゴールを設定してみましょう。それができたら、さらに高い抽象度のゴールを設定できるようにしていくのです。

組織に所属している人は、2段階ぐらい上のポジションの視点で常に物事を考えるようにしてください。そういう人が組織を引っ張っていくリーダーになっていきます。そしてリーダーとなったならば、もちろん自分の組織だけでなく、業界、国、世界レベルの視点でゴールを考えるのです。

個人でも組織でも、抽象度を上げてゴールを設定すれば、いままで見たこともないような景色が目の前に広がり始めます。それは誰も見たことがなかったような景色のはずです。

★実践ワーク

「ゴールが先、方法はあと」。ゴールを設定すれば、達成方法はあとから見つかるということを学びました。多くの人が「方法が先、ゴールはあと」になっています。つまり、すでに達成方法がわかっていることの中から、ゴールを設定することをしています。

そのため、ゴール設定とゴール達成方法の順番を引っくり返したことはインパクトがあるはずです。そして、ゴールの抽象度を高めるほど「ゴールが先、方法はあと」のインパクトは大きなものになるのです。ゴールの抽象度を上げるトレーニングをして、実践に活かしていきましょう。

1　抽象度の概念に慣れ親しむ

「抽象度」という用語を初めて聞いた人もいるかもしれません。ゴール設定や物事を見る視点を考える上で抽象度という概念を知っておくと便利です。抽象度とは抽象化の度合いであり、抽象度が高いほど抽象化された概念となり、逆に抽象度が下がるほど具体化されていきます。身近な例で抽象度という概念に慣れ親しんでみましょう。

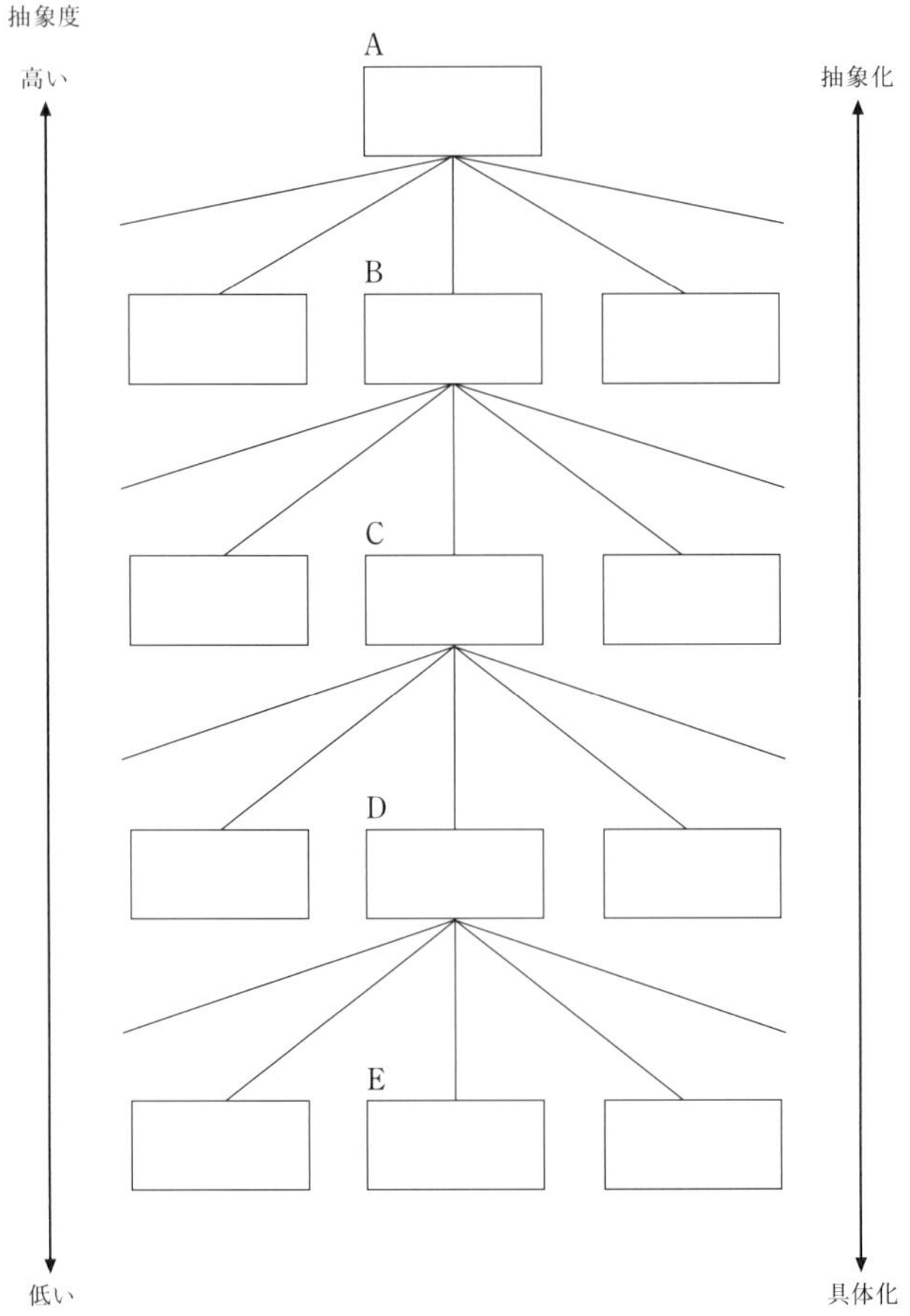

抽象度の上げ下げ

①右の図のEの枠に身近な具体的なものを入れ、D→C→B→Aと抽象度を上げてみてください。

（例）E：携帯電話の製品名「○○○」、D：携帯電話、C：無線電話、B：無線機器、A：通信機器

②右の図のAの枠に抽象度の高い言葉を入れ、B→C→D→Eと抽象度を下げてみてください。

（例）A：液体、B：水、C：飲料水、D：ペットボトルの水、E：（具体的な製品名）「○○の水」

③日頃から抽象度を上げたり、下げたりして、物事の観る視点の高さを変えると、スコトマが外れやすくなります。

④ビジネスのアイディアを考える場合も、抽象度の概念が使えます。例えば、文房具メーカーの人であれば、Eは油性ボールペンだとすると、画期的な油性ボールペンを開発するというゴールよりも、D：画期的なボールペンを開発するというゴールのほうが、さらにC：画期的な筆記用具を開発するというゴールのほうが、さらにB：画期的な文房具を開発するというゴールのほうがより抽象度が高くなります。そのように抽象度を上げ下げして、様々な視点で考えることで、より多くのアイディアを出しやすくします。

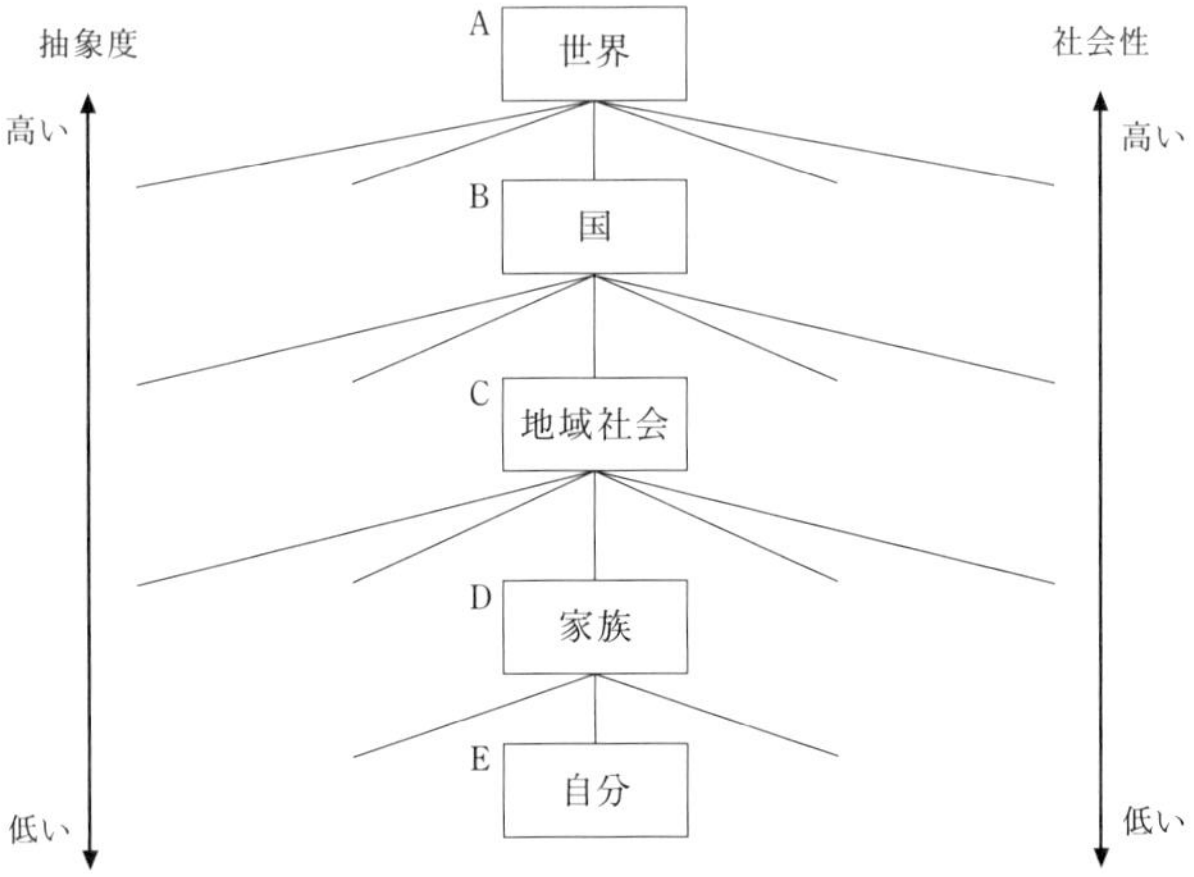

抽象度と社会性

2　抽象度を上げてゴールを設定する

ゴール設定をする上では、より社会性の高いゴールがより抽象度の高いゴールとなります。

例えば、自分より家族、家族より地域社会、地域社会より国、国より世界の方がより抽象度が高くなります。

そして、より抽象度の高い、つまりより社会性の高いところにゴールを設定することで、現状の外側のゴールを設定できます。自分が設定したゴールを見て、より抽象度の高いゴールにできないかを考えてみてください。

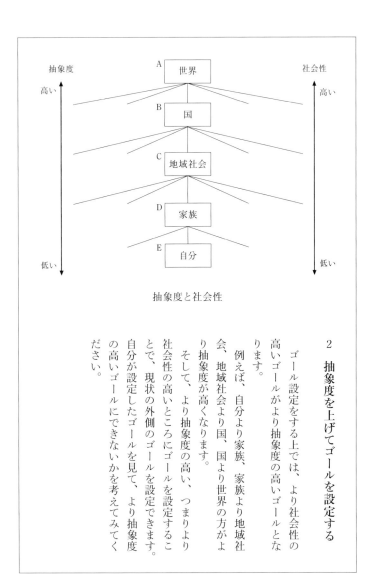

レッスン15――すべては自分の選択 ～Have-toはしない、Want-toのみ～

マインドの原則⑮

望むことを行動に移し、結果を受け入れなさい。

◇現状の外側のゴールを他人に与えられてもそれだけでは動かない

ゴールを現状の外側に設定することで、コンフォートゾーンが移行し、いままでは見えなかった多くの情報が見えるようになります。そして、現状とゴールとがかけ離れていればいるほど、高いエネルギーと創造性が生まれます。

現状の外側へのゴール設定は、自分の内側にある潜在能力（ポテンシャル）を十分に引き出してくれるのです。

ただし、現状の外側のゴールであればなんでもいいわけではありません。仮に、他人から「これがキミのゴールだよ」と言われて、たまたまそれが現状の外側のゴールであっても、素直にやろうと思うでしょうか？　普通はならないと思います。

このようにゴールは現状の外側に設定することが不可欠ですが、それだけでは十分ではありません。ゴール設定にはほかにも求められる条件があります。

1. 強制的動機付け：Have-to
- 他者からの強制による
- 「〜しなければならない、さもないと〜」
- 創造的逃避、プッシュ・プッシュバックが起こる
- 自尊心が失われる

2. 建設的動機付け：Want-to
- 心から望むことをする
- 「〜したい」
- 潜在能力を十分に引き出すことができる
- 幸せを感じる

モチベーション

その条件を理解するために「モチベーション」について見ていきましょう。

「モチベーション（動機付け）」には、2種類あります。

一つ目は、恐怖に基づくモチベーションで「強制的動機付け（Coercive Motivation）」といいます。

他の人からなんらかの強制をされ、恐怖を原動力に「〜しなければならない（have to）」ものとして行動します。

ここでいう強制とは、英語のコアーシブ（Coercive）のことを指し、必ずしも直接的・明示的な強制だけでなく、間接的あるいは無意識による強制も含まれます。

二つ目は、価値に基づくモチベーションで「建設的動機付け（Constructive Motivation）」といいます。

自分が価値をおいている対象に向かって、望みや意欲

を原動力に「〜したい（want to）」として行動することです。

どちらのモチベーションが潜在能力を十分に引き出し、私たちを常にベストな状態にしてくれるのか？　それは「〜したい（want to）」に基づくモチベーションであることは、いままでの経験からも理解できることでしょう。

◇マインドは押されたら押し返す

1つ目の「強制的動機付け」はどのようなものでしょうか？

それはその人が発する言葉を聞けばすぐに分かります。

「しなければならない（have to）」が口癖です。その後に言葉として発するかどうかは別として「さもないと（or else）」という考えが必ず付いています。

- 会社に行かなければならない、さもないと失業する。
- 期限までに仕上げなければならない、さもないと顧客の怒りを買う。
- 上司の指示に従わなければならない、さもないと降格させられてしまう。

というように「さもないと」に続く恐怖に基づいて、行動を無理やり起こそうとします。し

プッシュ・プッシュバックの法則

かし、この「しなければならない（have to）」というマインドの設定の仕方では、自分をやる気にさせるのに限界があります。恐怖に怯えながら、それをなんとかやり遂げたとしても、必要最低限のエネルギーと創造性しか発揮できずに終わるでしょう。恐怖に基づくモチベーションでは、私たちはベストな状態にはなれません。

なぜなら、人間は「しなければ」と思っていると、その強制に対して無意識に抵抗します。部下や子どもを持つ人なら経験があると思います。部下や子どもに強制すると、すぐに跳ね返ってきます。

このようなマインドの働きを「プッシュ・プッシュバックの法則」といいます。マインドは押されたら、押し返すのです。

この押し返しは「創造的逃避」という形で現れます。

強制された仕事や与えられた用事に対して、自分にはできないという理由を創造的に考えたり、なかなか手を付けずに先延ばしにしたりします。

彼らは感心するほどの創造性を発揮して、その仕事や用事から逃げるための言い訳を考えて、あなたにそれをやらない理由を聞かせてくれることでしょう。

◇Have-toなことをやると自尊心が失われる

これは個人だけでなく、組織全体でも起きることです。

恐怖に支配されたコアーシブな組織では、そのメンバーたちは「しなければならない（have to）」という動機付けで行動しています。彼らは行動しなかったら恐怖が待ち受けているので、無理やり行動しているに過ぎません。

そのような組織では、人は真に創造的な仕事をすることができません。自発的に何かを考えて仕事をすることもなく、いつも指示を待つようになります。そして、仕事の質を追求せず、上司から文句を言われずにすむ分だけしか仕事をしません。

自尊心が高い人ほど、意思に反して押されれば、無意識に強く押し返します。もしも、そういう反発する人が組織内にいれば、その人を無理やり押さえつけようと、さらに恐怖が与えられます。そうやって誰も抵抗しなくなるまで、恐怖が与え続けられることになります。やがて組織のメンバーは、直接的な恐怖が与えられなくても、いつも強制されているような無意識が生じ、お互いがお互いを監視し合い、現状を維持することに汲々とし始めるのです。こうなってしまった組織から新しいものも創造的なものも決して生まれません。また、このような組織では、優秀な人ほど辞めていくことになるでしょう。優秀な人の自尊心が強制を押し返すからです。

私たちは「しなければならない（have to）」と自分に言うと、自尊心を失ってしまいます。「しなければならない」ことをやるたびに「自分には選択の余地がない」とか「私には価値がない」とセルフトークをして、自尊心を傷つけていきます。

そうして、自覚のないまま、自己評価を下げ、無意識に力を失っていくのです。これは修復するのが難しく、本来の自分らしくいることもできなくなります。

◇心から望むことを行い、結果を受け入れる

いま説明した状態とは逆に自分の潜在能力から新しい可能性がどんどん引き出され、ベストな状態になれる方法があります。それが「〜したい（want to）」という自分の望みに従って行動することです。

人は、自分が価値をおいている対象へ向かって行く時に本来持っている力のすべてを発揮することができます。実際、好きなこと、愛していること、心から望むことをやっている時は、私たちの内側からこんこんとエネルギーが湧いているはずです。それはゲームをやっている時の子どもを見れば分かるでしょう。

ですから、これからは、すべて自分の意思で心から望むことをやりましょう。もしかしたら、思いもよらない結果が出るかもしれませんが、それも受け入れて自己責任のもと、やりたいこ

とをやるのです。これが内側の潜在能力を十分に引き出す方法です。

仮にそんなことはできないと逡巡するのであれば、いまやっている「やりたくないこと」をやめてみればいいのです。

「9時から5時まで働かなければならない」

「月曜から金曜まで会社に行かなければいけない」

そう思っているならやめてみることもできるのです。

もちろん思ったとおりに結果が出ないこともあります。しかし、Have-toでやって出た結果も「思ったとおりのもの」とは言えないでしょう。なぜなら、そもそも望んでいないからです。他人からの強制ですから、「思ったとおりのもの」ができる可能性ははじめからないということです。

強制者の望むことではなく、自分の望むこと、自分の人生を選ぶほうが、たとえうまくいかなかったとしても、それは望んだことをしたことによる結果です。その結果を受け入れて、次に向かう新たなゴールを設定すればいいのです。

◇Want-to-Goalを設定して、100% Want-toで生きる

もし、自分の中の潜在能力を十分に引き出したいのであれば、自由意志を持って生きること

が重要です。自由意志を持って生きることとは、自分のゴールはすべて自分の考えで選ぶということです。他人から与えられたゴール、つまりHave-to-Goalではなく、自らが心から望むことをゴールにするということです。

外側から与えられた強制的なモチベーションは、偽物で長続きしません。なぜなら、強制力がなくなれば、やらなくなってしまうからです。そして「先生がやる気にしてくれない」「コーチがやる気にしてくれない」「上司がやる気にしてくれない」などと他人のせいにするような言葉を吐くようになってしまいます。

そんなことにならないためにも、心から望むゴール、Want-to-Goalを設定しましょう。Want-to-Goalを設定すれば、いままで「しなければならない（have to）」と感じていたことも、「したい（want to）」に変わる可能性もあります。結局、すべては設定するゴール次第なのです。

心から望むゴールに向かっている時、私たちは自分が幸せだと感じることができます。そして、幸せだと感じている時に、私たちは最も自分の可能性を引き出すことができるのです。

今日から100% Want-toで生きましょう。そのためにはWant-to-Goalを設定すればいいのです。

★実践ワーク

ゴールは「現状の外側に設定する」ことに加えて、「心から望むゴール（Want-to-Goal）」である必要があることを学びました。Want-to-Goalを設定することで、潜在能力を十分に引き出し、私たちをベストの状態にしてくれます。

一方で、Have-to-Goalに従うと、創造的逃避を起こしパフォーマンスが制限されるばかりか、自尊心まで傷つけることになります。これからは自由意志のもと、Want-to-Goalのみを設定して、100% Want-toで生きることを選択しましょう。

1　一日の「Want-to」「Have-to」を確認する

現在、自分がどのくらい「Want-to（したい）」ことをやっているのか、あるいは「Have-to（しなければならない）」ことをやっているか確認してみましょう。

①一日の最後に、朝からの出来事を振り返ります。どんなことをやったかを書き出してリストにしてみてください。10〜20項目は出てきたはずです。

②そのリストの項目一つひとつに対して、「Want-to」であったら○、「Have-to」であったら×を付けてください。

③もし×があったら、それが本当に「Have-to」なのかを考えてください。それが、Want-to-Goalの達成に必要なことであったら、本当は「Want-to」でやっていることのはずです。

④③で確認した後も×が残っていたら、Have-to-Goalがあるか、Want-to-Goalを設定しているけれども、そのゴールに対する自己イメージの臨場感が下がっている可能性があります。

2　設定したゴールが「Want-to-Goal」なのかを確認する

前のワークで×がある人はゴールを確認しましょう。また、すべて〇だった人も、もう一度Want-to-Goalだけになっているのかを確認しましょう。

①設定したゴールのリストをみてください。リストがない人はゴールを書き出してみてください。
②そのリストの項目一つひとつに対して、「Want-to-Goal」であったら〇、「Have-to-Goal」であったら×を付けてみましょう。
③Have-to-Goalは削除するか、Want-to-Goalに設定し直してみてください。抽象度を上げてゴールを設定し直すことでWant-to-Goalに変わるものもあります。
④Want-to-Goalは、本当に自分で選んだゴールか確認してみてください。誰かにWant-toだと思わされているだけの可能性は常にあります。

3 「Want-to-Goal」を見つける

まだWant-to-Goalが見つかっていないという人もいると思います。そんな人でも設定できるWant-to-Goalがあります。それは「Want-to-Goalを見つける」というゴールです。まずはそこから始めてみましょう。

①まだWant-to-Goalが見つかっていない人は、「Want-to-Goalを見つける」というゴールを設定してください。現在Want-to-Goalがないということは、いままで「Want-to-Goalを持つ」というゴールを持っていなかったからです。ゴールを設定すれば、認識が生まれます。そのゴールによってこれからWant-to-Goalが見えてくるのです。

②Want-to-Goalが見つかっていない人は、Want-to-Goalが見つからないという自己イメージを持っているはずです。Want-to-Goalが見つかり、それに向かっている自分をイメージしてみてください。

③②でWant-to-Goalに向かっている自分をイメージするのが難しかった人は、Want-to-Goalに従って生きている人を探してみましょう。その人の特徴にはどんなものがありますか？　その特徴を吸収した自分をイメージしてください。やがて、Want-to-Goalを持ってそれに向かっているというコンフォートゾーンの臨場感が高まり、Want-to-Goalがどんどん見つかってくるはずです。

レッスン16——本当にすごい私
〜イエス アイム グッド！〜

マインドの原則⑯

セルフ・エスティーム（自尊心）と自分を取り巻く環境との間には、直接的な関係が存在する。

◇自分の価値の自己評価と自分の周りの環境は直接的に関係する

ここまでのレッスンを学んできて、人によっては「すでに現状の外側のゴールを設定した」「さらに心から望むWant-toのゴールも設定した」という人もいるでしょう。

では、その次に必要なことはなんでしょうか？

それはゴールを達成することです。

こう言われれば当たり前のことのように聞こえますが、これを意識しておくことは、マインドを上手に使えるようになるためにかなり重要なことです。

ゴールは絵に描いた餅でもなければ、神棚にお供えするものでもありません。達成するためのものです。夢を抱くことや希望を持つこととゴール設定との決定的な違いはそこにあります。

それではゴールを達成するために必要なものとはなんでしょうか?

お金、時間、環境、アイディア、知識、技術、仲間などいろいろあると思います。そのどれもが必要なものでしょう。

ただし、最も必要なものは、ゴール側のコンフォートゾーンにいる自分の臨場感、つまり自己イメージを高めることです。ここでいう「自己イメージを高めること」とは、自己評価を高めることを意味します。

そこで、このレッスンではまず、自己イメージにかかわる自己評価について学んでいきましょう。

自己イメージにかかわる自己評価には次の2つがあります。「セルフ・エスティーム(Self-Esteem)」と「エフィカシー(Self-Efficacy)」です。

この2つは自己評価という意味ではとても似ているのですが、大きな違いがあります。セルフ・エスティームとは自分の「価値」に対する自己評価です。

一方、エフィカシーは自分の「能力」に対する自己評価

1. セルフ・エスティーム : Self-Esteem
- 自分の「価値」の自己評価
- 社会的なポジションに対する自己評価
- 自尊心

2. エフィカシー : Self-Efficacy
- 自分の「能力」の自己評価
- 自己のゴールに対する達成能力の自己評価

自己イメージの中の自己評価

です。

具体的に見ていきましょう。「セルフ・エスティーム」における「自分の価値」を分かりやすくいうと社会的地位に対する自己評価です。係長、課長、部長、社長と社会的なヒエラルキーが上がるにつれて、自己評価も上がっていきます。自尊心も上がっていきます。

そうなると人は、自分自身のセルフ・エスティームに見合う人間関係を引き寄せるようになります。

例えば、部長に昇進したばかりの人が意気揚々とパーティーに行ってみると周りは社長ばかりだったとなると少し気後れがしてしまうでしょう。部長ともなれば、積極的に交際の輪を広げてビジネスチャンスにつなげていくとは思いますが、同じ部長クラスと話す時はどこかホッとするでしょう。

もしも、ここで気後れしたままであれば、せっかくのビジネスチャンスを逃してしまう可能性だってあります。ですから、社会的地位に対する自己評価を上げることはとても重要です。

◇24時間、自分と他人の評価を下げないようにする

その一方で自尊心には気をつけなければいけないことがあります。それは、セルフ・エスティームに付随する自尊心は社会的な地位つまり社会的な評価と直結しているからです。

自分は部長になったから素晴らしい。会社がそう評価してくれたからいまの自分がある、というふうに思ってしまうと、もしも、その地位を剥奪されたら、たちまちセルフ・エスティームは落ちてしまいます。自尊心は大きく傷つけられてしまうでしょう。

しかし、自分の価値は、人事評価や他人の印象など、他人の評価で決めてはいけません。

例えば、あなたが自宅を売ろうと考えたとします。その時に見ず知らずの通りすがりの人に自分の家の評価額を尋ねますか？　たぶんしないでしょう。価値が正しく評価できない人に尋ねることはしないはずです。ところが、自分の評価については、ほとんどの人が他人に尋ねるか、他人から引き出そうとします。他人はあなたの価値を正しく評価できる専門家ではありません。

「キミの目から見て、私は部長の器か？」「この仕事のリーダーに相応しいと思うか？」そんなことを聞いてしまいます。そこで勇気づけてくれる言葉を聞ければいいのですが、常にそうだとは限りません。ネガティブな発言やあなたを貶めるような言葉を聞いたら、たちまち自信をなくしてしまいます。こうなってしまう理由は、他人に評価を委ねているからです。

そうではなく、自分の価値は自分で評価するのです。それができれば他人の評価に一喜一憂することもありません。いまどのような社会的な地位に就いていようが「自分は価値ある存在だ」と自己評価できることが重要です。実際、人間の価値に差はないはずです。人間の価値に差があるという考えが差別を生むのです。

自分で自分の価値を作っていくためには、まずは自分の価値を下げるのをやめなければいけません。24時間、自分のことを卑下したり、ネガティブなことを言ったりしない、というゲームをしてみましょう。その際、自分についてだけでなく、他人の価値を下げるようなことも言わないようにしましょう。なぜなら、無意識は自分と他人とを区別しないからです。誰かのことをダメだと言ってしまうと、無意識は自分のこともダメだと感じてしまいます。ですから、他人の価値を下げるようなことも言わないようにしましょう。

◇エフィカシーを高めることがゴール達成に最も重要なことである

次に、もう一つの自己評価である「エフィカシー」について見ていきましょう。

エフィカシーとは「自己のゴールに対する達成能力の自己評価」であり、自己イメージの一部です。セルフ・エスティームが「価値」に対する自己評価であったのに対して、エフィカシーは「能力」に対する自己評価だと考えると分かりやすいでしょう。

このエフィカシーこそがゴール達成のために最も重要なものとなります。

ゴール設定をした時に、人は無意識に自分自身と対話します。

「そのゴールに見合ったエフィカシーを持っているか?」つまり「自分はそのゴールを達成できる〝能力〟を持っているのか?」と問いかけます。

もしも、設定したゴールに見合った〝能力〟が自分にはない、と思ったならば「自分には無理だ」とか「このゴールは大きすぎる」と不安を感じて、前に進むことができなくなってしまいます。そのような不安を感じると、自分の〝能力〟のレベルに合わせて、ゴールを下げてしまいます。結局、現在の〝能力〟レベルを超えることができなくなります。

しかし、マインドのカラクリを知り、マインドを上手に使うことができれば、設定した高いゴールに合わせて、自分の〝能力〟を高めていくことができます。

いま言った〝能力〟の自己評価がエフィカシーです。

現在のエフィカシーのレベルより遥かに高いゴールが、現状の外側のゴールです。要は、現在の〝能力〟よりも高いゴール設定が必要なのです。

当然、「自分の能力よりも高いゴール？　そんなことが可能なのか」と不安を感じることでしょう。しかし、それでいいのです。ゴールが大きくて不安な状態こそが、次のステップとしてゴールを実現させる方向にエネルギーとして働くのです。

まずは無理矢理でもいいので現状の外側にゴールを設定してみてください。すると、すぐに乗り越えなければならない障害が見えてくることでしょう。ゴールの実現を阻むものに次々と気がつき始めます。そして、その障害の大きさと多さに恐れをなしてゴールの実現を諦めてしまいます。「身の丈にあった生き方をしよう」という誰かの言葉を思い出して、いままでの自分に後戻りするのです。

しかし、そこで諦める必要はまったくありません。

あなたに足りないのは今の能力ではなく、エフィカシーだからです。

エフィカシーが高ければ、たとえ目の前に障害があっても「自分にはこの問題を解決する方法を見つけ出すことができる」「自分にはこの障害を一緒に乗り越えるための仲間を見つけられる」「自分にはこの問題を克服するための技術を身につけることができる」と考えられるでしょう。そして「ゴールを実現するまで、決して諦めない」と決意するようになります。エフィカシーこそが、私たちの潜在能力を引き出す鍵なのです。

◇自分の評価を他人に委ねるのは危険

セルフ・エスティームもエフィカシーも、自己評価なので自分でその評価を決める必要があります。しかし、多くの人が、その評価を他人に委ねています。

他人の評価に依存してしまうとセルフ・エスティームもエフィカシーも高めることはかなり困難です。なぜならば、他人はあなたの過去を見て評価するからです。

しかし、エフィカシーはゴールに対する達成能力のことですから未来のことです。そしてゴールとはいまだかつて自分が達成したことのないものですから、過去の能力に対する評価が通用するとは限りません。

これはとても重要なことで「エフィカシーとは『現在持っている能力の自己評価』ではない」ということです。「未来の自分に対する自己評価」がエフィカシーなのです。ですから、過去を基準にする他人に評価を委ねることは、自分の人生を他の人に委ねることと同じなのです。

また、世の中には自分を良く見せるために他人の評価をあえて下げる人もいます。エフィカシーやセルフ・エスティームが低い人は、自分より他人を低く評価しようとします。そうすれば自分を高める必要はなくなります。ぬるま湯状態を維持できます。

ですから、自己評価を高めたければ、誰かに「君は素晴らしい」と言ってもらうのを待っていてはいけません。

自分で言うのです。「私は素晴らしい」と。

少しでも改善や成長できた点があったら、それを自分で認めます。困難を乗り越えた時もちゃんと自分を褒めましょう。

それが成長につながるのです。

自分自身で考えたこと、つまりセルフトークが自己イメージを作ります。他人が評価してくれるのを待つ必要はありません。自己イメージは、自分で高めていきましょう。

また、コーチングでは自己イメージを高めるための言葉があります。

うまく行った時には「自分らしい（It's like me.）」「イエス アイム グッド（Yes, I'm good!）」といったことをセルフトークとして言ってみてください。要は、「やっぱり私は素晴らしい」と思えるような言葉を自分にたっぷり浴びせかけるのです。

うまく行かなかった時は、「自分らしくない（It's not like me.）」と言い、「次は○○する（The next time ...）」と言って置き換えの映像を与えてみましょう。たとえ失敗しても、「いつもの自分らしくなかったな」と思えるような言葉をかけることで、高い自己イメージを維持できるのです。

◇他人からの称賛を受け入れる

最後にもうひとつ、他人からの称賛を受け入れることも大切なことです。他の人から褒められた時には、たとえ謙遜であっても拒んではいけません。せっかく相手の人が自分の良さを認めているわけですから「いやいや、そんなことはありません」と自ら否定することは自己評価を下げることになってしまいます。

称賛された時は素直に「ありがとうございます」と言いましょう。そして「○○さんのお陰です」と相手や両親や仲間や先生やコーチに感謝の意を表します。そうすれば、自分の評価を高められるだけでなく、相手の評価を高めることに貢献できるのですから。

自己評価を高めれば、人生は大いに変わります。その変化は偶然でなく、すべて意図的に行うのです。意図的に行うには「自分に何を語りかけるか」が重要です。

現状の外側のゴールに向かって一直線に行かない時も、諦める必要はありません。すべてが完璧に思い通りにならなくても、どう対応するかが重要です。高いエフィカシーとセルフ・エスティームによって、粘り強く立ち直って、解決の道を見つけていきましょう。そうすれば必ずゴールは実現できます。

★実践ワーク

ゴールを達成するために最も必要なものは、ゴール側の自己イメージに臨場感を持つことです。ゴールに相応しい自己イメージを持てれば、あとは自己イメージが自然とゴールへと導いてくれます。ゴールに相応しい自己イメージを持つためには、自分で自分の評価をし、それを高めていくことが大切です。特に、セルフ・エスティーム（価値）とエフィカシー（ゴール達成能力）という2つの自己評価を意識して高めていきましょう。

1　24時間ネガティブなことを言わない

自己イメージはセルフトークによって作られます。そのため、自己イメージを高めるためには、まず最低でも自己評価を下げるようなセルフトークを排除する必要があります。

①これから24時間、ゲームだと思って、自身の自己評価を下げるようなネガティブなセルフトークを言うのを一切やめます。

②自分に対してだけでなく、他人に対しても相手の自己評価を下げるような言葉を言うのをやめます。その言葉を自分の自己イメージとして取り入れてしまうからです。

③ついつい自己評価を下げるようなネガティブなことを言ってしまったら「自分らしくない」「次は○○と言い換えよう」と言ってください。○○には自己評価が高まるような言葉を考えて入れてください。それが未来の自分が言っている言葉です。

④24時間セルフトークをコントロールした自分を褒め、成長した自分を認めてください。「よくやった。自分らしい。成長しているぞ」と。

⑤次の24時間も意識してやってみてください。そして、3週間は意識して続けてください。このあとのレッスンで出てくるアファメーションも合わせて行うと、セルフトークがかなり改善され、自己イメージが高まっていることに気づくはずです。

2　セルフ・エスティームを高める

失敗体験は何度もセルフトークで繰り返して再体験しているのにもかかわらず、成功体験はそれをしっかりと味わうこともせず流してしまいがちです。イマジネーションによって成功体験を再体験することで自分には価値があるというセルフ・エスティームを高めることができます。

①過去の成功体験を5つ挙げて書き留めます。チャレンジをしたこと、初めてできたこと、誇らしいこと、困難を乗り越えたことなどです。

②一つ目の項目を読み上げ、その時の映像を思い浮かべ、その時の感情をしっかりと感じます。次の項目も読み上げ、映像を思い浮かべ、しっかりと感情を感じます。5つの項目すべてに対して行います。

③次の日に、起床後、お昼、寝る前にその項目一つひとつを読み上げ、映像化し、その時の感情をしっかりと感じます。

④それを、2週間続けてみてください。
これだけで5項目×1日3回×14日＝210回の成功体験をしたのと同じ効果があります。かなりセルフ・エスティームが高くなって、困難に対する回復力もついていることを感じるはずです。

3　他人からの称賛を受け入れる

謙遜するあまり、他の人がせっかく自分のことを褒めているのに拒んでしまっていませんか？他の人が自分の良いところを認めて伝えてくれているのですから、その褒め言葉を拒むのはせっかくの自己評価を高めるチャンスを自ら潰しているようなものです。相手も拒まれると否定されているように感じていい気分はしないでしょう。他の人が褒めてくれた時の対処法を身につけましょう。
①褒められた時や称賛された時は、まず「ありがとうございます」とお礼を言います。
②そして「○○さんのお陰です」と、相手や両親や仲間や先生やコーチに感謝の意を表します。
③伝えてくれた相手の良いところを探して伝えてみましょう。慣れないうちは難しく感じるかも知れませんが、褒められることを自分が受け入れるようになると、相手の良いところにすぐ気づくようになり、伝えることも自然にできるようになります。

レッスン17――未来の自分のリハーサル
～未来の記憶を作る～

マインドの原則⑰

人生を変えていく映像を、慎重かつ意図的に決定せよ。

◇ビジュアライゼーションによって未来の記憶を作る

このレッスンでは「ビジュアライゼーション」を学びます。

ビジュアライゼーションとは、「未来の記憶」を意図的に作ることを言います。

ここで言う「未来の記憶」とは、ゴールの世界の記憶のことです。ゴールを達成した時の自己イメージを、自分の過去の記憶を合成して作るのです。

レッスン12で紹介した公式「I×V＝R」を覚えていますか？

「イマジネーション×鮮明さ＝リアリティ」でしたが、ビジュアライゼーションとは、この公式を利用してリアリティを自ら作り出す作業となります。

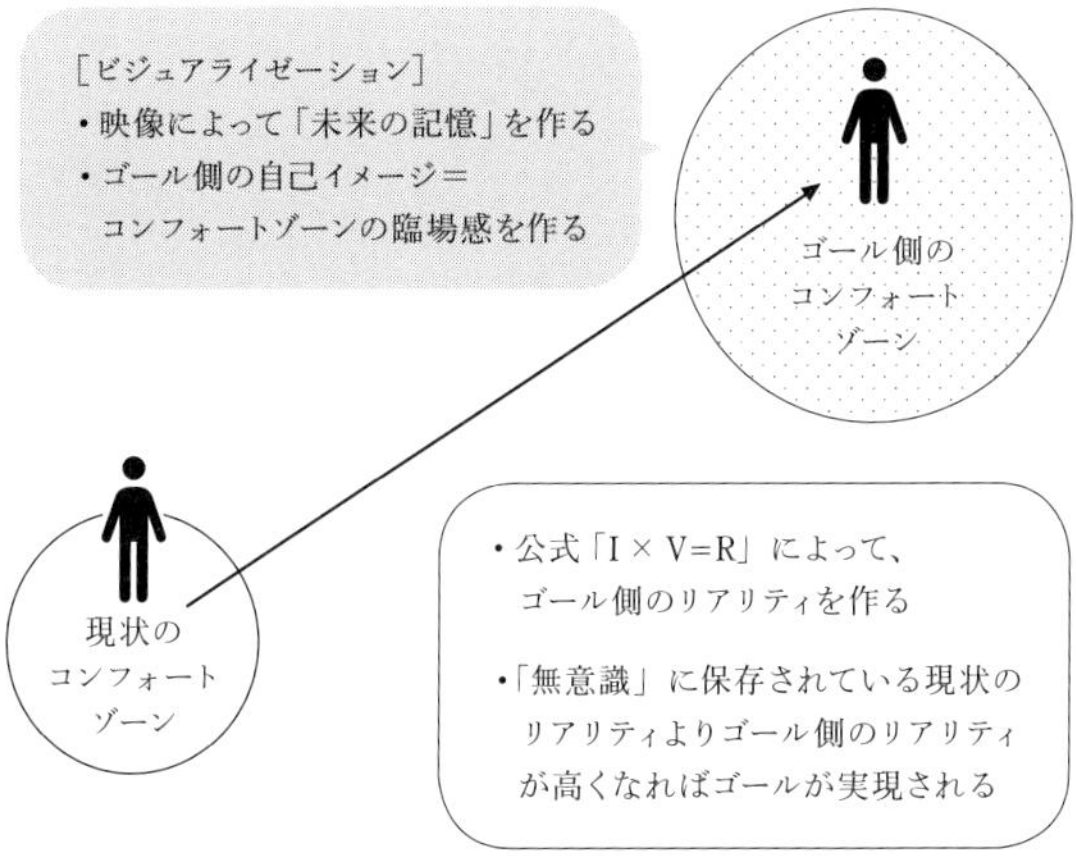
［ビジュアライゼーション］
・映像によって「未来の記憶」を作る
・ゴール側の自己イメージ＝
コンフォートゾーンの臨場感を作る
ゴール側の
コンフォート
ゾーン
現状の
コンフォート
ゾーン
・公式「I × V=R」によって、
ゴール側のリアリティを作る
・「無意識」に保存されている現状の
リアリティよりゴール側のリアリティ
が高くなればゴールが実現される

ビジュアライゼーション

過去の記憶を合成してゴールの世界にいる自分の記憶を鮮明に作ってみましょう。何度も繰り返し、そのイメージを思い描くと、それが無意識に刷り込まれて、やがてリアリティのある記憶となっていきます。

ビジュアライゼーションを別の言い方で言うとマインドで行うリハーサルです。

自分が望む世界、望むパフォーマンスを行っている様子をリハーサルするのです。せっかくビジュアライゼーションしているのですから、普段の自分が慣れ親しんだ記憶から離れた、未来の記憶を何度もリハーサルしてみましょう。経験したことのない状況に、自分を置いてみるのです。これを何度も繰り返しましょう。

リハーサルする時は、外から自分を眺めるのではなく、自分自身が実際に経験しているものとして行ってください。

言うならば、観客席からサッカーの試合を見ているのではなく、競技場の中の選手として実際に試合をしているイメージです。大切なのは五感すべてを使うこと。相手が突進してくる様子を感じるだけでなく、ボールの感触、観客の歓声、走っている時の頬にあたる風を感じましょう。どんな気分で走っていますか？　その時の感情も味わいましょう。

イマジネーションが鮮明であればあるほどリアリティとなって『無意識』に保存されやすくなります。そして、未来の記憶の方が、目の前の現在の状況よりも臨場感が高くなった時、ゴールは達成されていきます。

◇成功体験で未来の記憶を色付けする「フリックバック・フリックアップ」

続いて「フリックバック・フリックアップ」というテクニックを身につけましょう。これはビジュアライゼーションのイメージに、ポジティブな感情を乗せることで、未来の記憶をより鮮やかにしていくものです。

ここでいうポジティブな感情とは、「嬉しい」「楽しい」「気持ちいい」「誇らしい」「清々しい」といったものです。過去の自分のポジティブな感情が伴った体験（情動記憶）を利用します。

やり方は次の通りです。

①ポジティブな感情の伴った体験を5〜10項目のリストにします。

②これからビジュアライゼーションするイメージに乗せたい感情を選びます。例えば、イ

メージの中の未来の自分は「楽しい」と感じたいとします。

③①のリストから「楽しい」と感じた過去の体験を選びます。他の感情が欲しい時は、その感情が伴った体験を選びます。

④③で選んだ体験を臨場感豊かに思い出します。感情もしっかりと再体験して味わいます。

⑤その感情を感じたまま、未来の自分に対してのビジュアライゼーションを行います。

⑥未来の自分のイメージに対して感情が貼り付き、未来の情動記憶ができます。

このように過去の体験で未来の記憶を色付けする感覚です。

「フリックバック・フリックアップ」のテクニックは日常的に使えます。親がこのテクニックを使って子供の自尊心を育むこともできます。

例えば、子どもが寝る前に枕元で、「今日、何か良いことはあった？」と、尋ねてください。その日あった楽しいことを子ども自身に繰り返し話をさせることで無意識に刷り込んでいくのです。

さらに、「明日は何が楽しみ？」と聞くといいでしょう。この言葉によって、期待のふくらむ明日に、子どもを連れて行きます。その日の良かった出来事を使って、未来を色付けしているのです。

もちろん、これは自分に対してもできます。今日良かったことを寝る前に思い出し、それをしっかり味わいます。続いて、明日楽しみにしていることを考えるのです。これがハイパフォーマンスな人がやっている習慣です。

◇自分を導く映像を慎重かつ意図的に決める

公式「I×V＝R」によって何度もビジュアライゼーションをすると、新しいリアリティが作られます。そうなれば、新しいリアリティに基づいて行動するようになります。新しいパフォーマンスのリアリティ、新しい身体能力のリアリティ、新しい情動記憶のリアリティができあがれば、自動的に「新しい自分」として振る舞うことができます。

そのためにもゴールを達成した時の自分をしっかりとイメージしてみましょう。どのような仕事をして、どのような人々と付き合い、どのような場所でどのような話をしているのか？

ゴールの世界にいる自分のハビットやアティテュードはどうなっているのか？

無意識でどのような選択をしているのか？

無意識でどのような行動をしていて、何を習慣にしているのか？

詳細にイメージしてみましょう。それが未来の記憶であり、これから実際に起きることです。

理解してほしいのは、いままで人生の大部分を導いてきたのは、ただの偶然だったということです。ですから、良いこともあれば、悪いこともありました。

しかし、これからは自分の人生は自分で決めるのです。ゴールを設定し、そのゴールの世界の自分をリハーサルしましょう。望むレベル、望む環境にいる自分を、ビジュアライゼーションによって映像化するのです。無意識に刷り込むように何度も繰り返します。そうすれば「新しい自分」が自然にゴールへと導いてくれます。

これが、ゴールへと自分を導くマインドのカラクリです。

★実践ワーク

ゴールの世界の記憶を「未来の記憶」といいます。ビジュアライゼーションによって、ゴールを達成した時の自分の記憶を、自分の過去の記憶を合成して作ります。もともと記憶は合成して作られているので、記憶を再合成することもできるのです。ビジュアライゼーションによって作られた「未来の記憶」は、新たなリアリティとなって、私たちの新たな選択や判断の基準となります。公式「I×V＝R」を使って「未来の記憶」を作ってみましょう。

1　フリックバック・フリックアップで未来の記憶を作る

「未来の記憶」を作るためには、単なる映像だけではなく、そこに強い感情が伴っていることが必要です。新しい情動記憶を作るということです。未来の自分はまだ経験したことがないので感情が弱い場合や、まだコンフォートゾーンの外側なので不安などネガティブな感情が先に湧いてきてしまう場合もあるでしょう。そこで過去のポジティブな感情を未来の自分に貼り付けましょう。フリックバック・フリックアップというテクニックです。

①レッスン3の実践ワークで書いた「ポジティブな体験」を使います。「嬉しい」「楽しい」「気持ちいい」「誇らしい」「清々しい」といった情動記憶です。

②設定したゴールの中からゴールを一つ選び、そのゴールの世界にいる自分に貼り付けたい感情を

考えます。ここでは例として「嬉しい」という感情を貼り付けたとします。「ポジティブな体験」のリストから「嬉しい」という「ポジティブな体験」を一つ選び、その体験を思い出し、しっかりとその感情を味わいます。

③その感情を保ったまま、②で選択したゴールの世界にいる自分をイメージします。自分が見えているもの、聞こえているもの、匂い、味、触覚など、五感をフルに使いながら、細かくイメージしてみてください。

④違うゴールに対しても同じように②~③をやってみてください。

⑤現在の自分の姿に違和感を感じ、ゴールの世界へ行くための行動をせずにいられなくなるまで、毎日のように何度も繰り返しイメージしてみましょう。

2　明日への期待を高める

フリックバック・フリックアップは日常的に使えます。寝る前に、その日の良かった出来事を思い出して再体験します。しっかりとその時の感情を味わいましょう。そして、明日楽しみにしていることを考えてください。そうやって明日を色付けして期待を高めるのです。

最初は良い出来事がすぐに思い出せないかもしれませんが、毎日寝る前にその日の良かったことを思い出すように習慣付けると、RASが良いことを探すように働き始めます。そして、実際に良い出来事を認識できるようになっていきます。

レッスン18——変化のためのツール～新しい自分～

マインドの原則⑱

新たな映像化を行うと、古い映像では満足できなくなる。

◇ゴールへ向かう自然な行動を引き出すアファメーション

ここまでのレッスンで、マインドを変えるためのツールとして、「ゴール設定」「セルフトークのコントロール」「ビジュアライゼーション」を学んできました。

ここではもう一つのツールである「アファメーション」を見ていきましょう。ビジュアライゼーションとアファメーションは共に、未来の記憶を作る技術ですが、ビジュアライゼーションは非言語（言葉を使わない表現方法）で、アファメーションは言語を使って「新しい自分」の臨場感を高めていきます。具体的には言葉を使って、設定したゴールへ向かう自然な行動を引き出す方法論です。望んだことが自然と実現するように、言葉が持つ映像の想起性を使って自己イメージを変えていきます。

アファメーションは、実際に経験しているように一人称、現在形で肯定的に描写します。いままさにゴールの世界にいる自分のことを言葉で書くのです。

一見セルフトークと似ていますが、セルフトークの場合は自分に対して周囲の人が何を言ったのか、どのように評価したのか、自分がどのような環境でどのように扱われたのかといった外的刺激を受けて作られてきたものでした。その結果、セルフトークによって作られた自己イメージは、必ずしも自分が本当になりたいものにはなっていなかったはずです。

しかし、アファメーションでは、自分から積極的に自己イメージに変化を起こし、自分がなりたい人物になることを目指します。そのためには、自分自身に語りかける言葉を自分自身で計画的かつ意図的に選んでいきます。自分が選んだ言葉によって描かれた自己イメージを見続けているとその状態が無意識に刷り込まれ、「新しい自分」として保存されていきます。

自分を変えたいと決めたら、言葉を使って具現化することが大切なのです。その結果、セルフトーク自体も、他人から作られたセルフトークから、自分の作るセルフトークへと変わっていきます。

◇アファメーションの11のルール

では、早速アファメーションの作り方を解説しましょう。

原則としてアファメーションは短い文章にします。また、次の11のルールがありますので、これを理解して書いていきましょう。

①個人的（Personal）

アファメーションは、「個人的」に表現します。他の人が読んだら、自己中心的に感じるかもしれませんが、他人のために書くのではなく自分のために書くのですから、自分を中心に考えてください。「私は〇〇である」「私は〇〇を持っている」「私にとって〇〇は簡単だ」など自分のことを書きます。

②肯定的（Positive）

「肯定的」に書きましょう。自分が向かっていきたいような映像を作りましょう。アイディアが浮かんできて、達成する方法を探したくなるような映像です。否定的に書くと無意識は望まない映像を先に思い浮かべてしまいます。「レモンを思い浮かべないでください」と言ってもレモンを思い浮かべてしまうのと同じです。そのため「私は〇〇していない」という表現ではなく、「私は〇〇している」というように肯定形で表現します。

③**現在形**（Present Tense）

「現在形」で表します。過去形でも未来形でもなく、今まさに起きているという現在形です。探しているものがすでに目の前にあるように書きます。現在形や現在進行形で書く未来です。

④**達成を示す**（Achievement）

仮定や可能性で表現しない。「私は〇〇ができる」といった表現は「いまはできないが、未来にはできる」という言い方です。これは、可能性を言っているだけで望んでいる結果ではありません。「できる」ではなく、「できている」と言います。「私は持っている」「私は〇〇である」「私は達成している」と言ってから周りを見ると、現実は違う。そのギャップを生じさせるのが狙いです。達成を示さないと認知的不協和は起きないのです。

⑤**比較をしない**（No Comparison）

他人と比較することは、自己評価を下げることにつながります。他人は観察して、お手本にしましょう。その人の長所、魅力的なところを吸収するのはいいですが、いまの自分と比較してはいけません。あくまで自分自身を成長させる、良いお手本だということを忘れないでください。

⑥**動作を表す言葉**（Action Words）

私たちは何かを想像する時、映像で思い浮かべます。それも写真のスライドではなく、動画で思い浮かべるはずです。ですから、「素早く」「簡単に」「スムーズに」「積極的に」など、動作を表す言葉を使ってアファメーションを表現してください。

⑦**感情を表す言葉**（Emotion Words）
感情でパワーが生まれてきます。相応しい感情を使いましょう。「誇らしい」「喜んでいる」「嬉しい」「夢中だ」などの表現です。感情が強いほど、変化はより早く現れます。
⑧**正確さ**（Accuracy）
「体重を減らそう」では曖昧です。欲しい物、欲しい状態を明確かつ正確に書きましょう。明確にすることに抵抗を感じるのは責任が生じるからです。正確に書けないのは、じっくり考えていないか、責任から逃れたいからだということを認識してください。
⑨**バランスを取る**（Balance）
「バランス」は、ゴール設定の際にとても重要です。一つのことだけにとらわれ、盲進しないためです。人生のあらゆる方面についてゴールを設定して、それぞれにアファメーションを書きましょう。
⑩**リアルなものにする**（Realistic）
アファメーションを書いたあと、目を閉じて映像化してください。あなた自身がその中にいますか？　臨場感を持って、その映像の中心に自分がいる感覚を味わえる必要があります。新しいリアリティを作っているのですから臨場感はとても大切です。
⑪**秘密にする**（Confidential）
アファメーションは秘密にします。他言すると「しなければならない（have to）」となるか

らです。ドリームキラーを生み出すことにもなります。自身の成長を真にサポートしてくれる人以外には見せないようにしましょう。

- 私は、毎日、一日二回、書いたアファメーションを読み、映像化することを楽々と楽しんでいる。
- 私は、望む結果が手に入るので、日々、アファメーションを書くことを楽しんでいる。
- 私は、自分自身のことが好きで、尊敬している。なぜならば、私には価値と能力があり貴重な人間であるからだ。
- 私は、自分の人生と他の人との温かな関係性を楽しんでいる。
- 私は、あらゆる状況でベストを尽くしているので、自分のパフォーマンスに喜びを感じている。
- 私は、常に他の人に対して尊敬の念を持って接しているので、人の良さを上手に引き出すことができていることが誇らしい。

アファメーションの例

上にアファメーションの例を示しましたので参考にしてください。ただし、アファメーションはあくまでも書いた本人が、その言葉から臨場感の高い映像を想起できるかが重要です。他人の言葉ではなく、自分の言葉でより具体的に書いていくとよいでしょう。何度も書いていくうちに作るコツが分かっていきますので、アファメーションをハビット（習慣）にしましょう。

◇アファメーションのプロセス「読み、映像を思い浮かべ、感情を味わう」

アファメーションを書いたら、次はその

文章を読みます。それから、目を閉じて、その言葉から想起されたイメージや状況を思い浮かべます。家族や友人と一緒にいるところでも、職場にいるところでもいいでしょう。そこに相応しい感情も作っていきましょう。

気の合う仲間たちといれば楽しいはずです。その楽しい感情も味わってください。

また、アファメーションは一度書いたら終わりではなく、時々修正を加えたり、追加したりしましょう。すでに無意識で行動できるようになり、不要となったものは、新しいアファメーションと取り替えます。ゴールが変わったり、ゴールが新しく設定されたりした時にも、アファメーションを書くようにします。

◇アファメーションによって『無意識』のリアリティを直接書き換える

多くの人が現状に不満を持ち、変化を望んでいます。そしてある時、あれを変えよう、これを変えようと思いたちます。はじめは情熱もあって周囲にも宣言したりしますが、次第に熱が冷め、言ったことすら忘れてしまいます。たぶん、ほとんどの人が多かれ少なかれ、こういった経験をしていることでしょう。

では、なぜ私たちは、情熱が冷めてしまうのでしょうか？

それはこれまでのリアリティと新しいリアリティが共存しているからです。あなたの気持ちは新しいリアリティに早く移行したいと思っているでしょう。しかし、あなたの無意識はその逆にこれまでのリアリティを維持したいと思っています。これまでのリアリティがコンフォートゾーンになっているのですから、無意識はそこから抜け出したくないと思っています。

ですから、アファメーションは何度も見たり読んだりすることが大切になってきます。

新しいリアリティを無意識に刷り込むには夜寝る直前が最適です。寝る直前は、白昼夢を見るようなアルファ波支配の脳波状態になります。その状態は自分の提案を受け入れやすいのです。また、朝目覚めて日常生活が始まる前の時間帯も、アルファ波支配の脳波状態になるので、寝る前の次に適しています。

寝る前や朝起きた後、そしてできれば日中も時間を確保して、アファメーションを読み、自分をゴールに導くための行動を促す「新しいイメージ」「新しい状況」「新しい感情」をマインドに刷り込みます。セルフトークが変わり、行動が変わるまで、それを繰り返し続けます。アファメーションを書いただけでは変化は起こりません。何度も読んで無意識にインストールすることが重要です。

また、変化がすぐに起きなくても、無意識には効いていますので、焦らずアファメーションを続けましょう。

◇成功体験を味わう

自分の設定したレベルで成功するのを確認したら、自分自身にこう言いましょう。「いいぞ。これこそ自分らしい」「これが得意だ」「成功したのは自分だ」などのようにセルフトークし、自分に対する肯定的なフィードバックをしっかり与えます。

そして、望む実績をあげられたら、ゴールやアファメーションを更新する必要があります。それを繰り返すのが成長への道です。たとえ小さな成功でも、構いません。「やった！　変化があった」と、自分に言ってください。「よし！　自分がこれをやり遂げたんだ」と、自分に話しかけてください。そうやってポジティブな感情をしっかりと味わうことが、次のアファメーションを作る時に活きてきます。

パフォーマンスが、自分の望んだレベルよりも下回った時は、新しい「当たり前」を作っている最中であることを思い出してください。そして自分にこのように言いましょう。「もう二度と繰り返さない。私は日々良くなっている」と。

それから「次は○○している」とアファメーションによって置き換えの映像を与え、未来に自分自身を連れていきます。新しいレベルでパフォーマンスをしている自分を見て、感情を味わいます。それがうまくいったら、こう言いましょう。

「よし。これが自分だ」と。

これがハイパフォーマンスな人がやっているハビットです。

◇アファメーションは新しいゴールへ向かう旅への心強い友である

さて、前のレッスンで、寝る前に子どもにする話を覚えていますか？

これと同じことを自分にもしてください。良い出来事をセルフトークで話すことで良いアファメーションになります。

また、これをしばらく続けていると、周りの人から変わったと言われるようになるでしょう。「とても接しやすくなった」「仕事ができるようになった」「自信がみなぎっている」などと言われることもあるでしょう。中には「いつ元に戻るの？」といじわるを言う人もいるかも知れません。

そういった変化も含めて、評価が変わってくれれば、アファメーションは効いていますし、なにより、あなたが新しいゴールを目指して旅立ったことの証です。

いままでの当たり前より遥かに高いレベルへ向かう旅の途上にいることを自覚しながら、ゴール設定、アファメーション、ビジュアライゼーション、セルフトークのコントロールを続けてください。

★実践ワーク

言葉によってゴールの世界の臨場感を作るのがアファメーションです。セルフトークが自己イメージを作っていたように、私たちは言葉から強い影響を受けます。言葉によって自分に制限をかけることも、新しいイメージを生み出すこともできます。その言葉の力を使って新しい自分の臨場感を作るのです。アファメーションを行うことで、ゴールの世界へたどり着くためのスピードアップも図れるでしょう。

1　アファメーションを書く

アファメーションは、ゴールの世界のリアリティや自己イメージの臨場感を高める技術です。アファメーションによって、コンフォートゾーンがゴール側に移行して、ゴールを実現するための方法も次第に見えてくるようになります。アファメーションは、最終結果ではありません。つまりゴールそのものではなく、ゴールを実現するための手段です。アファメーションを行う過程がマインドを変化させます。自分を変えたいと決めたら、言葉を使って書き出すことが大切です。

①最初にどのゴールに対するアファメーションを書くのかを決めます。
②そのゴールを達成した時の自分や状況を思い浮かべてください。
③ゴールを達成した自分のことをアファメーションの11のルールに従って文章にします。
④一つのゴールに対して、一つのアファメーションである必要はありません。5つでも6つでも書

「アファメーションの11のルール」チェックリスト

1	個人的	一人称で書き、主語を「私」にする。内容も個人的なものにする
2	肯定的	否定形ではなく、肯定形で書く
3	現在（進行）形	「今まさに○○している」「今起こっている」のように現在（進行）形で書く
4	達成を示す	「私は○○を持っている」「私は○○だ」のように既に達成している内容にする
5	比較をしない	自分自身の変化と成長のみを書く。「○○と比べてこうだ」のように比較をしない
6	動作を表す	自分自身の行動を表現する言葉を使い、その様子を書く
7	感情を表す	ゴールを達成した時に自分がいかに感動するか、その感情を言葉で表す
8	正確さ	的確で詳細に記述し、不要な曖昧性を排除する
9	バランスを取る	様々な分野にゴールを設定して、各々のゴールにアファメーションを書き、内容のバランスを取る
10	リアルなものにする	ゴールを達成した自分自身が見えるくらいに、リアルに臨場感を感じられる記述にする
11	秘密にする	誰かと共有せずに秘密にする。誰かに見せるとHave-toになったり、ドリームキラーを生む

きたいだけ書いてよいのです。一つひとつのアファメーションから想起される映像は小さなものだとしても、小さな映像が沢山集まると大きな映像になるからです。その方がより未来の自分に対する臨場感は高まりやすくなります。

⑤次のゴールに対しても、同じようにアファメーションを書いていきます。

2　アファメーションを読んで無意識に刷り込む

アファメーションを書いただけでは変化は起こりません。スタートラインに立っただけです。書いたアファメーションを『無意識』にインストールします。

①新しいリアリティを『無意識』に与えるには、夜寝る直前が一番自然で最適な時間です。アファメーション一つひとつを「読み、映像化し、感情を味わい」ます。

②朝、目覚めて日常生活が始まる前の時間帯にも、アファメーション一つひとつを「読み、映像化し、感情を味わい」ます。

③できれば日中も時間を確保して、アファメーションを読み、自分をゴールに導くための行動を促す「新しいイメージ」「新しい状況」「新しい感情」をマインドに刷り込みます。

④そして、セルフトークが変わり、行動が変わるまで、それを繰り返します。

3　変化を観察する

アファメーションを読むのが習慣づいてきたら、自分の行動を観察して変化を確認します。変化が起きたらそれを認めて自己イメージを高め、アファメーションを更新して、さらなる成長を促します。

①アファメーションを日々実行する過程で「自分の行動の観察」を行います。朝や午後、あるいは一日の終わりに自分を振り返ります。

②変化が起きているかを確認します。変化がすぐに起きなくても焦らずアファメーションを続けます。

③変化が起きていたら、たとえそれが小さな成功でも「やった！　変化があった」と、自分に言いましょう。成功を過小評価せずに、しっかりと認めることが重要です。

④自分の設定したレベルで成功するのを確認したら「いいぞ。これこそ自分らしい」などのようにセルフトークし、自分に対する肯定的なフィードバックをしっかり与えます。そして、望む結果を手に入れたら、ゴールやアファメーションを更新します。

⑤これを繰り返すのが成長への道です。

レッスン19――ゴールのその先へ
〜ゴールの再設定〜

マインドの原則⑲

設定したゴールに到達すると、推進力は失われる。

◇NO GOAL, NO ENERGY

レッスン10で現状とゴールとのギャップが大きいほど、より大きなエネルギーと創造性が生み出されることを学びました。ゴールを設定した時点では、現状とゴールとの間には大きなギャップがあります。しかし、いままで学んだビジュアライゼーションやアファメーションのテクニックを使ってゴール側の自分の臨場感を高めていけば、自然と現状がゴール側へ近づいていくはずです。

それでは、なぜ、現状が自然にゴールに近づいていくのでしょうか？

輪ゴムを例にとって解説しましょう。

ゴールを設定した時点では、現状とゴールの両側に掛けられた輪ゴムは大きく引き伸ばされ、強いテンションがかかった状態でした。このテンションが認知的不協和を生み出します。ゴールの臨場感が強くなればなるほど現状との違いに我慢できなくなります。一刻も早く、ゴールに近づきたい、本来あるべき自分の姿に近づきたいと自然に感情が湧き上がってくることがテンションになってゴールに近づいていくということです。

ただし、現状がゴールに近づくに従い、テンションは下がってきます。ゴールに到達してしまうとテンションはゼロになってしまいます。これがいわゆる「燃え尽き症候群」というものです。

一生懸命努力して目標を叶えた後、何もやる気が起きなくなってしまう状態になることです。ゴールを失うと、私たちはエネルギーと創造性を失うのです。いくらゴールを達成したといっても燃え尽きてしまっては、その後の人生は無気力に生きることになってしまいます。

◇設定したゴールに到達すると推進力が失われる

ゴールを達成するということは同時にゴールを失うということでもあります。ゴールを失ってしまえば、これまであなたを突き動かしてきたエネルギーも切れてしまいます。思考や気づきもシャットダウンしてしまうでしょう。

せっかくゴールを達成したのに、そんな状態になるのは避けたいはずです。ですから、そうならないために、ゴールに到達する前に、ゴールを再設定することが重要です。

例えば、大学入学をゴールにしている人は、大学に入るまでの入学試験に向けては努力しますが、大学に入ってからは勉強しなくなります。大学に入ってからの勉強のゴールを設定していないからです。学生生活はやることもなく、ただ単位を取るだけに通うか、勉強をほとんどせずにサークル活動かアルバイトに精を出すことになるでしょう。

就職をゴールにしている人は、いい会社へ入ろうと一生懸命に就職活動をします。面接では自己イメージとは違う自分を演じて、必死に自分をアピールするでしょう。しかし、会社に入った後は、ただ与えられた仕事をやるだけです。その会社にい続けること、つまり現状を維持することがゴールになり、定年まで無事に勤め上げることに汲々とします。

結婚がゴールだと、結婚生活は退屈なものになるでしょう。結婚後、何十年も一緒にいることになるかもしれないのに、結婚後の生活にゴールを設定していないからです。

独立して事業を始めることがゴールだと、数年もしないうちに倒産してしまうでしょう。利益を上げることをゴールに設定していないからです。もちろんファイナンス以外の分野にもゴールを設定することが必要でしょう。

こうなってしまうのは目先のゴールにこだわりすぎているというのもあります。また、入学や就職などがそもそもゴールと言えるものなのかも疑問がありますが、それにしても多くの人が、目の前にあることだけを目指し過ぎています。その先のことはゴールに到達するまで考えていないのです。

それでは、ゴールに到達した後は、現状維持しかありません。

◇イマジネーションの限界を超えてゴールを再設定する

エネルギーと創造性を生み出し続け、可能性を引き出し続けるためには、ゴールに到達する前に、ゴールを再設定することが必要です。ゴールに到達する前に再設定する理由は、ゴールに到達してからでは再設定が難しくなるからです。

これは重いボーリングの玉を転がすことを考えれば分かるでしょう。転がっている時に加速するのは容易ですが、一度完全に止まってしまってから動かそうとすると余計に力を必要とします。

これと同じでゴールを達成し、一旦エネルギーと創造性が失われてから、新しいゴールを設定するのは大変なのです。

ですから、ゴールに到達しそうだと感じたらゴールの再設定をします。アファメーション、ビジュアライゼーション、セルフトークのコントロールも再設定してください。

それがまた、いままでのゴールに近づくための推進力になることもあります。ですから、ゴー

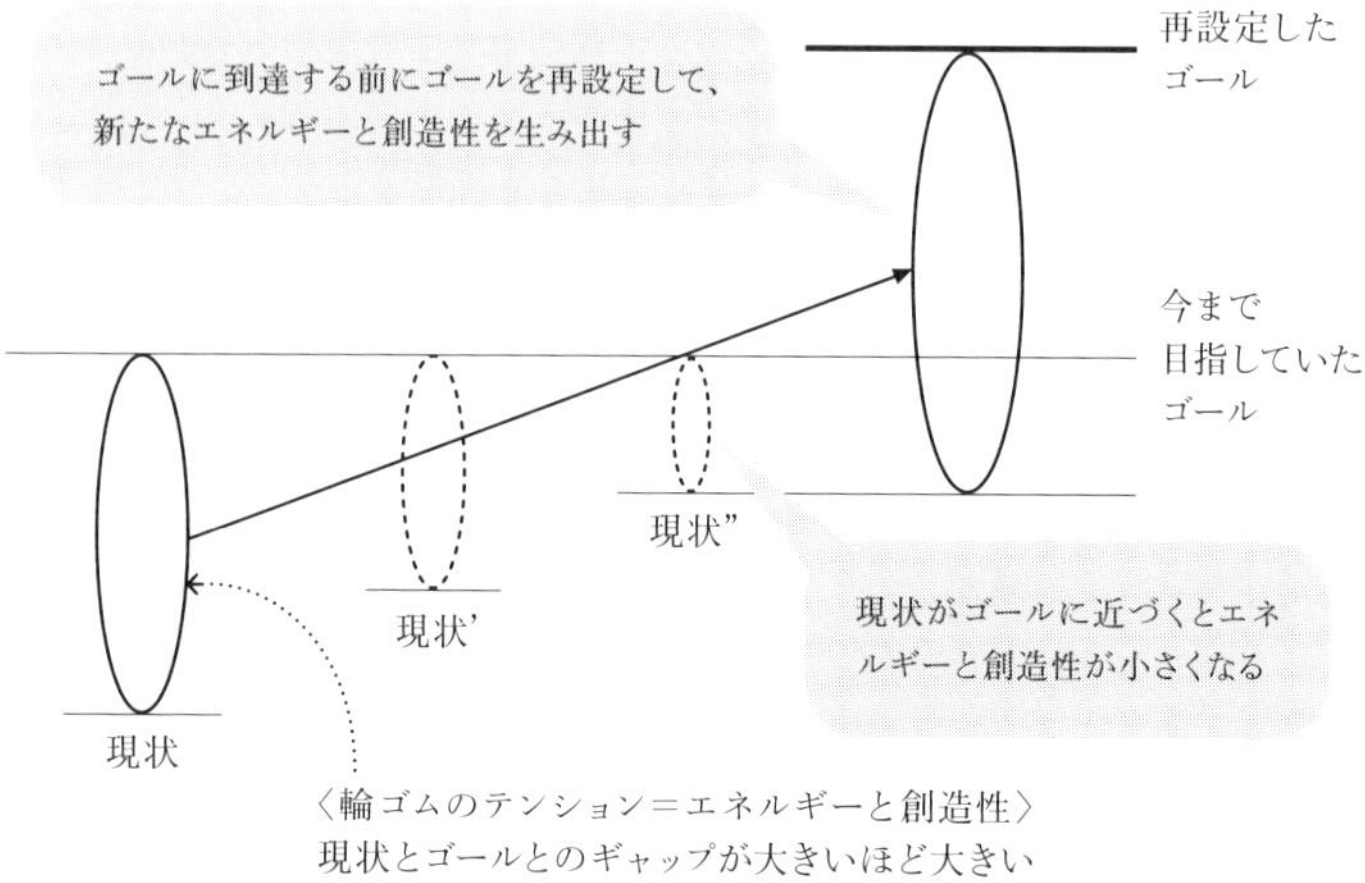
ゴールに到達する前にゴールを再設定して、
新たなエネルギーと創造性を生み出す
再設定した
ゴール
今まで
目指していた
ゴール
現状”
現状’
現状
現状がゴールに近づくとエネルギーと創造性が小さくなる
〈輪ゴムのテンション＝エネルギーと創造性〉
現状とゴールとのギャップが大きいほど大きい

ゴールの再設定

ルの再設定は早ければ早いほどいいでしょう。少なくとも、ゴールの達成方法が分かったらゴールの再設定が必要です。達成方法が分かった時は、現状の延長線上、ステイタス・クオの内側のゴールになってしまっているからです。「自分にはそのゴールが達成できる」というところまでエフィカシーが上がった場合も再設定が必要です。さらに高いエフィカシーの必要なゴールが必要です。

ゴールに向かっている途中でスコトマが外れ、より良いゴールが見つかった時も、ゴールの再設定が必要です。いまよりも良いゴールが見つかったのに、いままでのゴールに自分を縛り付けることはHave-toになってしまいます。いまよりも良いゴールが見つかったら、ためらわず新しく見つかったゴールに再設定しましょう。

ゴールを再設定すると言っても、いままでと同じ分野の延長線上に設定する必要は必ずしもありません。まったく違う方向にゴールを再設定してもいいのです。むしろその方がスコトマとなっていたものが見えてきやすくなるかもしれません。

以前にも言いましたが、私たちのイマジネーションの限界が、私たちの能力の限界を作っています。限界を引き上げ、潜在能力を引き出していくためには、いままでのイマジネーションによって設定したゴールを超えていくことが絶対に必要です。

なぜなら、私たちには常にスコトマがあるからです。それはまだ見えていないゴールが常にあるということでもあります。

これが限界を引き上げる、上手なマインドの使い方です。それにはゴールの再設定が必要不可欠です。

★実践ワーク

ゴールは一度設定したら終わりではなく、継続的に再設定することが重要です。ひとたびゴールに到達すると、いままでゴールに向けて生み出されていたエネルギーと創造性は消えてしまいます。そして、いままでゴールへエネルギッシュに向かっていた自分からするとまるで燃え尽きたようになってしまうのです。そうならないために、ゴールに到達する前にゴールを再設定しましょう。

1　ゴールの再設定のタイミング

ゴールに到達する前に、ゴールを再設定する必要があるとしても、そのタイミングは意外に分かりづらいものです。それではどのタイミングで再設定すればいいのでしょうか？　代表的なゴール再設定のタイミングを挙げます(次ページの表)。これを参考にゴールの再設定の達人になりましょう。

2　ゴールを再設定したらアファメーションのプロセスを実行する

ゴールを再設定したら、その新たなゴールに対しても、アファメーションを書き、アファメーションのプロセスを実行します。そして、古くなってしまったアファメーションがあれば破棄して、新たなものに書き換えましょう。新たなゴールが生まれたら、新たなアファメーションを書くことをハビットにします。そうすれば無理なく自然にゴールへ向から旅を続けることができるはずです。

「ゴールの再設定」の主なタイミング

1	ゴールの達成方法が分かった時	いままでは分からなかったゴールの達成方法が分かったのであれば、ゴールが現状の内側に入ってきた証拠です。現状の外側へとゴールを再設定します
2	ゴールが鮮明に見えた時	ゴールは現状の外側に設定するので、設定した時点では鮮明には見えないものです。ゴールが鮮明に見えたということは、現状の内側に入ってきたということですので、現状の外側へとゴールを再設定します
3	エネルギーが弱まった時	ゴールと現状とのギャップが縮まるとエネルギーが弱まります。エネルギーが弱くなってきているのを感じたら、早めにゴールを再設定して、再び大きなギャップを作り出します
4	ゴール側の自己イメージの臨場感が高くなった時	アファメーションやビジュアライゼーションによって、ゴールの世界の自分の臨場感が高まっていきます。ゴールに相応しいエフィカシーを手に入れたら、そのゴールは達成できたも同然です。さらに高いエフィカシーが必要なゴールへと再設定します
5	ゴールに向かう途中で新たなより良いゴールが見つかった時	現状の外側のゴールへ向かう途中で、いままではスコトマになっていたゴールが次々と見え始めるはずです。今のゴールよりも良いゴールが見つかったら躊躇わずにより良いゴールへと再設定します
6	Have-toなゴールになった時	設定した時点ではWant-to-Goalだったものも、より抽象度の高いWant-to-Goalが見つかると、Have-to-Goalへと変わってしまうことがあります。その場合は、新たなWant-to-Goalへとゴールを再設定します
7	ネガティブなセルフトークをはじめた時	Have-to-Goalへと向かっている時は、ネガティブなセルフトークをしています。ネガティブなセルフトークをし始めたなと感じたらWant-to-GoalがHave-to-Goalへと変わってしまった可能性があります。ゴールがHave-to-Goalか点検して、Want-to-Goalだけになるようにゴールの再設定をします
8	他人から与えられたゴールだと気づいた時	ゴールは自分で設定する必要があります。しかし、多くの場合、他人から与えられたゴールをWant-to-Goalだと思ってしまっている可能性があります。他人から与えられたゴールだと気づいたら、自分のゴールへと再設定します。結果的に同じゴールとなったとしても、自分でゴールを設定することが大切です
9	ゴール設定時の前提条件が変わった時	ゴールを設定した時の前提条件や想定事項が変わっていることがあります。前提条件や想定事項が変わってしまったら、ゴールを再設定する必要がないかを確認する必要があります
10	いつでも	ゴールが自分の想像の限界となってしまわないように、ゴールのその先にさらにゴールがあることを意識しましょう。ゴールはいつでも再設定しても良いのです。今の想像の限界を超えたところへとゴールを再設定していきます

レッスン20――バランスの取れた人生
～ゴールにはバランスを～

マインドの原則⑳

現在のレベルから理想のレベルに成長するプロセスにおいて、自分自身のバランスを取る。

◇人はみな幸福を求めている

ここまででマインドの仕組みと使い方についての知識がだいぶ増えてきたことと思います。その知識を使うことであなたは、なりたい自分になることもできますし、いままでは考えもしなかったゴールを実現することもできるでしょう。

しかし、だからこそ、いまここで改めて考えてみて欲しいことがあります。それは「あなたは人生に何を求めているのですか?」ということです。

あなたにとって人生で大切なものはなんですか?

あなたは人生を誰とどう過ごしたいですか？
あなたの人生においてどんな喜びや情熱や感動が欲しいですか？
あなたは人生で何を手に入れたいですか？
あなたはどこに行ってみたいですか？
あなたはなぜ仕事をするのですか？
あなたはなぜ家に帰るのでしょうか？
あなたはなぜ休暇を取るのでしょうか？
あなたはなぜそれを買うのでしょうか？
何があなたをそうさせているのでしょうか？

こうやって立ち止まって考えてみると、あらゆる人間は、生まれや育ちに関係なく、同じ基本的なものを求めていることが分かります。それは、無意識のうちに「幸福（Happiness）」を求めているのです。

ですから、このレッスンを始める前に、少し時間を取って、自分に次の質問をしてみてください。

「何が私に幸福をもたらしてくれるのだろうか？」と。

◇幸福の4つのレベル

人生で手に入れたいものとは一言で言えば幸福でしょう。しかし「幸福とは何か？」と考えると意外と分からないものです。そこで幸福を考える上で参考となる古代ギリシャの考えを紹介しましょう。

古代ギリシャの哲学者は、幸福を次の4つのレベルに分けて考えました。

①基礎的な（本能を満たすための）幸福　H1

一番基礎的な幸福のレベルを、H1（Happiness 1）と呼びましょう。

これは、たいてい身体的な何かを得られる幸福のことです。この幸福は、直接的で強烈なものですが、長続きしません。食欲や性欲など、本能を満たすものが該当します。これらは確かに人間にとって必要なものですが、手に入れると、すぐになくなります。H1における問題は、追い求めすぎると、ほとんど強迫観念の状態になってしまうということです。「何かに追われている」「この後どうしよう」「早く手に入れなきゃ」「これなしではいられない」と、まさにドラッグのようなものです。

しかし、手に入れてもその状態は長続きしません。身体的な幸福を求めても構いませんが、ほどほどにしないとトラブルの元です。

②競争からもたらされる幸福　H2

次のレベルであるH2の幸福は、他人と比べて、自分の方がより良い必要があるというものです。

「あの人よりもっといい家が必要だ」「同僚よりもっといい仕事が欲しい」と望むことです。これは他人との比較による幸福です。自分のほうが評価されていれば幸せを感じますが、評価が下がってしまうと落ち込みます。

H2は場合によっては成長を助ける時もあります。競争で勝つというモチベーションは強烈ですから、そういう時には自分を大きく成長させることもできるでしょう。

しかし、比較でしか幸福を感じないのは利己的でよくありません。

③奉仕することで得られる幸福　H3

さらに次のレベルであるH3は、他者への貢献で得られる幸福です。

自分の指導や助言で誰かが成功すると、幸せになります。子どもが成功しても、幸せを感じます。自分の助けで友人が成功すれば、やはり幸せを感じます。結婚して自分の配偶者がうまくいったら、それも幸せです。あなたが上司やコーチなら、部下やチームがうまく行けば幸せになります。これは利他的な幸せで、このレベルの幸福がないと、心からの幸福は得られないでしょう。

④至福の境地　H4

次のレベルH4は、聖書における「至福の教え」です。完璧な正義、完璧な愛、完璧な真実、完璧な美の追求です。

完璧な愛や幸福や美は、少なくとも地球上にはないはずです。いまの人生のあとに人生があれば、その時得られるかもしれません。人間に、完璧を求めてはいけません。人間は、不完全なのです。追求するものすべてに完璧を求めたら、逆に惨めな結果になります。

このように幸福といっても様々なレベルのものがあります。人生のゴールを考える上では、H1、H2、H3の幸福をほどよくブレンドしてバランスを取る必要があります。

◇人生の各方面にゴールを設定する「バランス・ホイール」

いま見てきたように人生のゴールを考える上で「幸福」は重要な要素です。そして、幸福はH1、H2、H3をほどよくブレンドしてバランスを取る必要があることも分かりました。

ということは、ゴールは一つではいけないということです。何か一つの分野だけにゴール設定するのではなく、様々な分野にゴール設定することが幸福を得るためには重要になります。

多くの人は「ゴールを設定してください」と言うと、職業上のゴールだけを設定しますが、それだけではバランスのいい「幸福」を得るには足りません。

お金儲けだけをゴールに設定すると、お金は入ってくるかもしれませんが、友人は皆去り、人間関係は希薄になり、お金を何に使ってよいのかも分からなくなるかもしれません。それでは幸福とは言えないでしょう。

1つのことに取り憑かれると、時間とエネルギーを一方向だけに取られます。お金儲けをするための仕事のゴールばかりだと、家族のためだったり、社会に貢献したり、趣味を楽しんだりするために、エネルギーや創造性を使えなくなります。

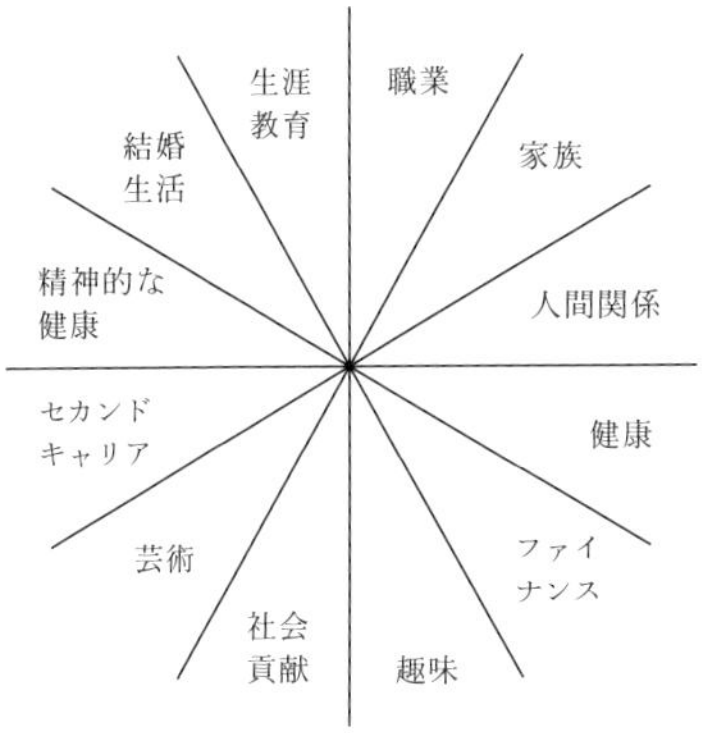

バランス・ホイールの例

何かに偏りすぎていたら、一時的には幸福を得られても長続きはしないということです。

ゴールは人生の様々な分野に設定する必要があります。そのためのツールが「バランス・ホイール」で、人生の各方面にゴール設定する時に有効です。

それでは「バランス・ホイール」について解説していきましょう。上の図を見てください。

上図を参考にしながら自分の人生を、いくつかの分野に、大きく分けてみます。職業、家族、健康、ファイナンス、社会貢献、趣味、生涯教育、芸術、精神的

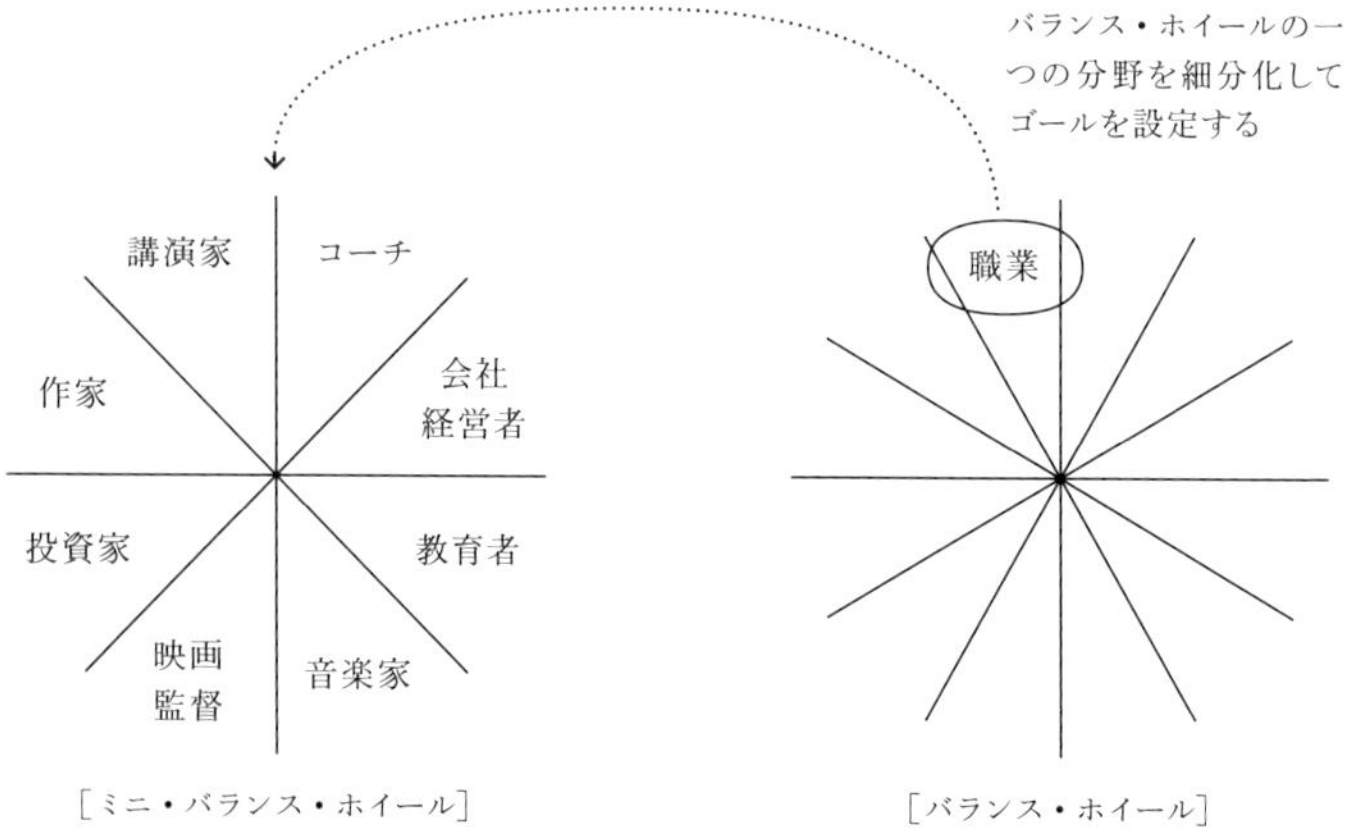

ミニ・バランス・ホイール

な健康などがあると思います。だいたい8～12個の分野に分けてみるといいでしょう。そして、それぞれの分野ごとに複数のゴールを設定します。

各分野が大きすぎてゴール設定がしづらい場合は、その分野をさらに細分化して「ミニ・バランス・ホイール」を作ります。

例えば、上の図のように職業がいくつかある場合は、職業に関するミニ・バランス・ホイールを書いてそれぞれの職業ごとにゴールを設定します。もちろん、未来のことですから、将来やりたい職業についてのゴールを書いてもいいのです。

このようにして、バランス・ホイールを書いてゴールを設定したら、次にそれらのゴール一つひとつに対するアファメーションを書いて、毎日アファメーションを実行します。

◇ゴールの抽象度についてもバランスを取る

ゴールは少ないよりも多いほうがいいでしょう。一つのゴールのほうが集中しやすいという人も多いとは思います。しかし、ゴールはたくさんあったほうが、未来の自分の臨場感をより高く感じられるようになります。

仕事のゴールしかなければ、仕事で成功した自分をビジュアライゼーションするだけですが、家族のゴール、社会のゴール、地域社会のゴール、趣味のゴールなど、ゴールの数が多ければ、それだけゴールの映像が多くなり、当然、臨場感も高まります。

逆に言えば、ゴールの臨場感がなかなか高まらない場合は、ゴールの数が少なすぎる可能性もあります。ゴールはいくつあってもいいのですから、望むゴールをどんどん設定していきましょう。

人生の様々な方向に対して、具体的なイメージが加えられてこそ、アファメーションもより効果の高いものになり、手にしたい未来の記憶も、高いエフィカシーも得ることができます。

いくつものゴールが設定できたら、次はすべてのゴールを包摂する抽象度の高いゴールを設定しましょう。

バランス・ホイールを書いている時点では、すべてのゴールを包摂する抽象度の高いゴールが何なのか分からない場合もあるとは思います。しかし、様々な分野にゴールを設定すること

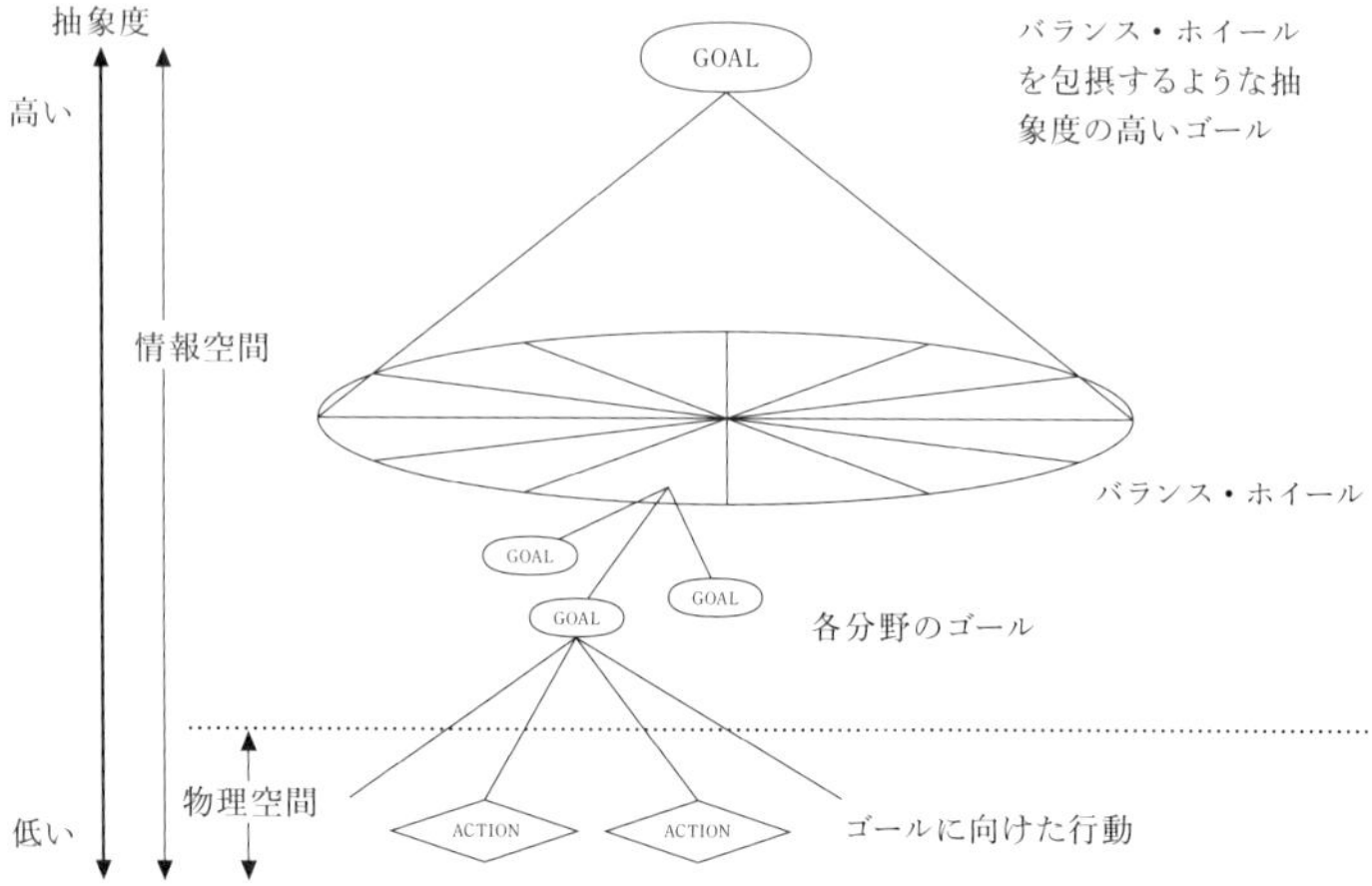

抽象度とゴール

で、未来の自分の臨場感も高まり、次第に抽象度の高いゴールが見えてくるはずです。それが包括的ゴールになります。

一方、先に抽象度の高いゴールを設定している人は、バランス・ホイールを用いて、それぞれの分野に抽象度を下げたゴールを設定してみましょう。抽象度の高いゴールだけだと理念だけで行動が伴わなくなります。実際の行動は抽象度を下げた状態でするものですから、バランス・ホイールのレベルに下げた抽象度のゴールも必須です。

抽象度は高ければそれだけでいいというわけでなく、抽象度を上げたり下げたりしながら、さまざまな視点で思考し、ゴールを設定することが大切です。

◇たくさんのゴールがあるからこそゴールは実現できる

たくさんのゴールを設定する必要があると聞くと、次のような疑問を抱くかもしれません。「すべての分野にゴールを設定すると、むしろスピードが遅くなってしまうのではないか」「意識が分散しすぎてかえってうまく行かないのではないのか」「二兎を追う者は一兎をも得られないのではないか」と。

しかし、決してそんなことはありません。あなたは、真に創造性を持った天才であり、エネルギーに満ちています。それはまだ自分の中に眠っているだけなのです。

時には仕事で困難なチャレンジをしている際に、足踏みしてしまうこともあるでしょう。その時は、他の分野のゴールに働きかければよいのです。まったく仕事に関係のない他の分野のWant-to-Goalのことをやると、エネルギーと創造性が得られます。その時に、いままで足踏みしていた仕事の壁を乗り越えるための方法が思い浮かんだり、エネルギーが湧いてきたりすることがあるのです。ゴールはそうやって互いに関係しているのです。

さあ、人生の各方面にたくさんのゴールを設定して、それを達成していきましょう。あなたにはその能力があり、賢さがあります。不可能にも思えることをできるのが、あなたのマインドなのです。

自分のマインドを信じましょう。

★実践ワーク

ゴールは人生の各方面にまんべんなく設定することが必要です。どこかの分野に大きく偏ったゴールだけでは、仮にそのゴールを達成することができたとしても、他の多くの大切なモノを失うことになりかねません。それでは、心からの幸せを感じることは難しいでしょう。

また、少なすぎるゴールでは、ゴールへ向かえば向かうほど、自分のスコトマを強めてしまうことにつながります。そしてゴールに向かう途中で立ち往生してしまうでしょう。ゴールは人生の各方面に設定することが、人生を豊かにするポイントです。

1　バランス・ホイールを使ってゴールを設定する

人生の各方面にゴールを設定するために「バランス・ホイール」を使います。自分ではさまざまな方面にゴールを設定しているつもりでも、意外と偏っているものです。バランス・ホイールを使って、意図的にゴールを設定して、自分を成長させていきましょう。

①左のバランス・ホイールに自分が成長させたい分野を書いてください。

(例) 職業、家族、健康、ファイナンス、社会貢献、趣味、生涯教育、芸術、精神的な健康など。

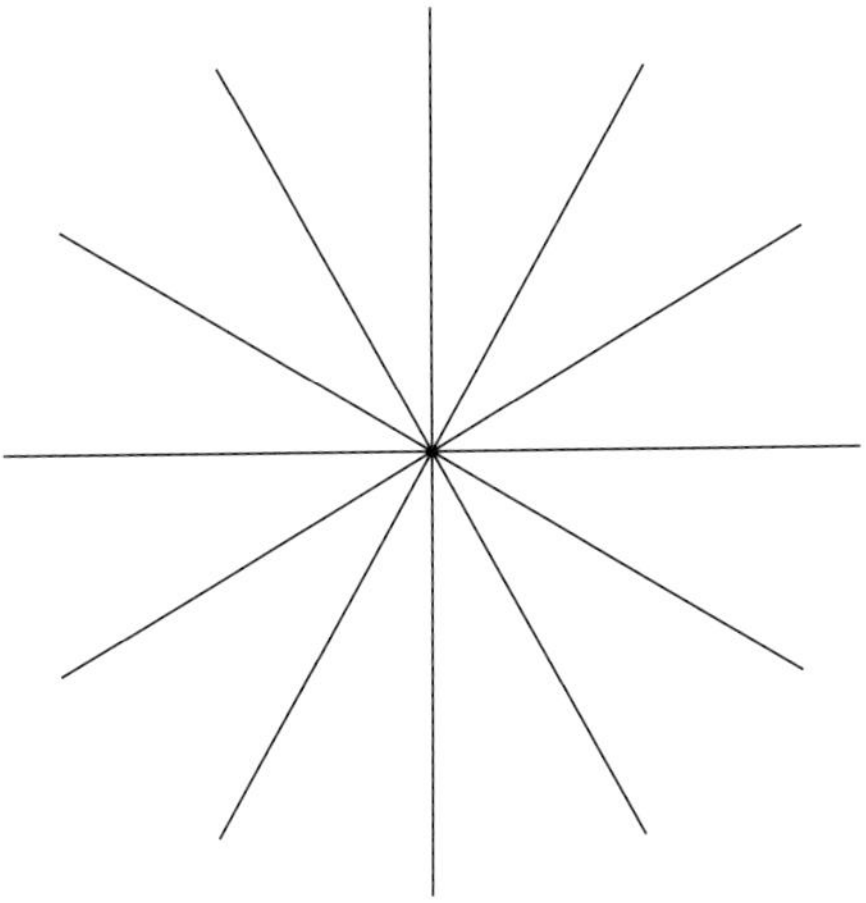

バランス・ホイール

②それぞれの分野にゴールを書いてください。

③そのゴールそれぞれにアファメーションを書き、アファメーションのプロセスを実行します。そうすることでいままでより立体的に未来の自分への臨場感が高まっていくはずです。

2　ミニ・バランス・ホイールを使ってゴールを設定する

バランス・ホイールの各分野はある程度大きなものになるので、それだけだとゴールが設定しづらい場合もあるでしょう。その場合は、その分野をさらに細分化した「ミニ・バランス・ホイール」

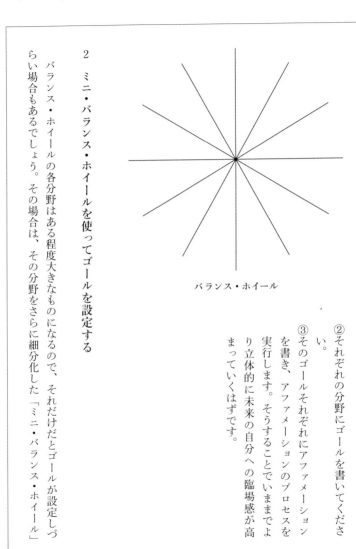

を使います。

①ミニ・バランス・ホイールに展開したい分野を選びます。例えば「職業」だとします。そうしたら、自分の職業を展開して、ミニ・バランス・ホイールの各項目に書いていきます。現在の職業だけでなく、将来なりたい職業でも構いません。

②それぞれの項目毎にゴールを書いてください。

③そのゴールそれぞれにアファメーションを書き、アファメーションのプロセスを実行します。

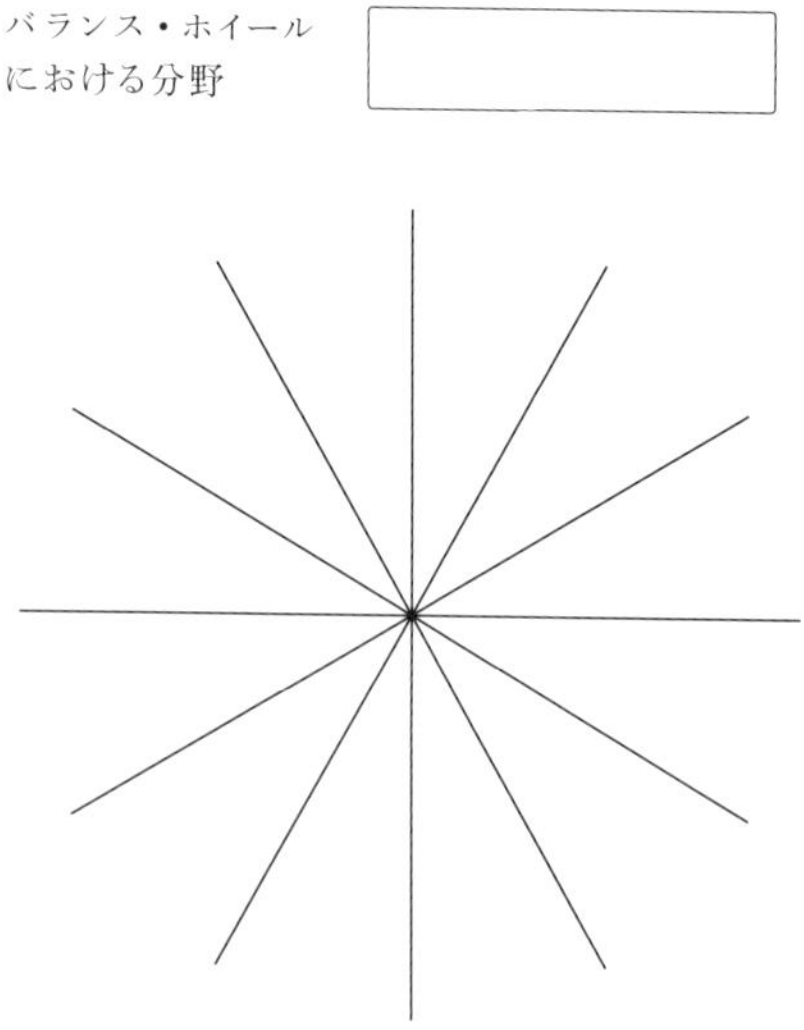

ミニ・バランス・ホイール

3 すべてのゴールを包摂したゴールを設定する

バランス・ホイールに書いたゴールを見て、それらすべてを包摂するようなゴールが何かを考えてみましょう。それは自分を遥かに超えた抽象度の高いゴールのはずです。そのゴールがあることで、バランス・ホイール同士の矛盾やリソースの取り合いを無意識が上手に解決してくれます。

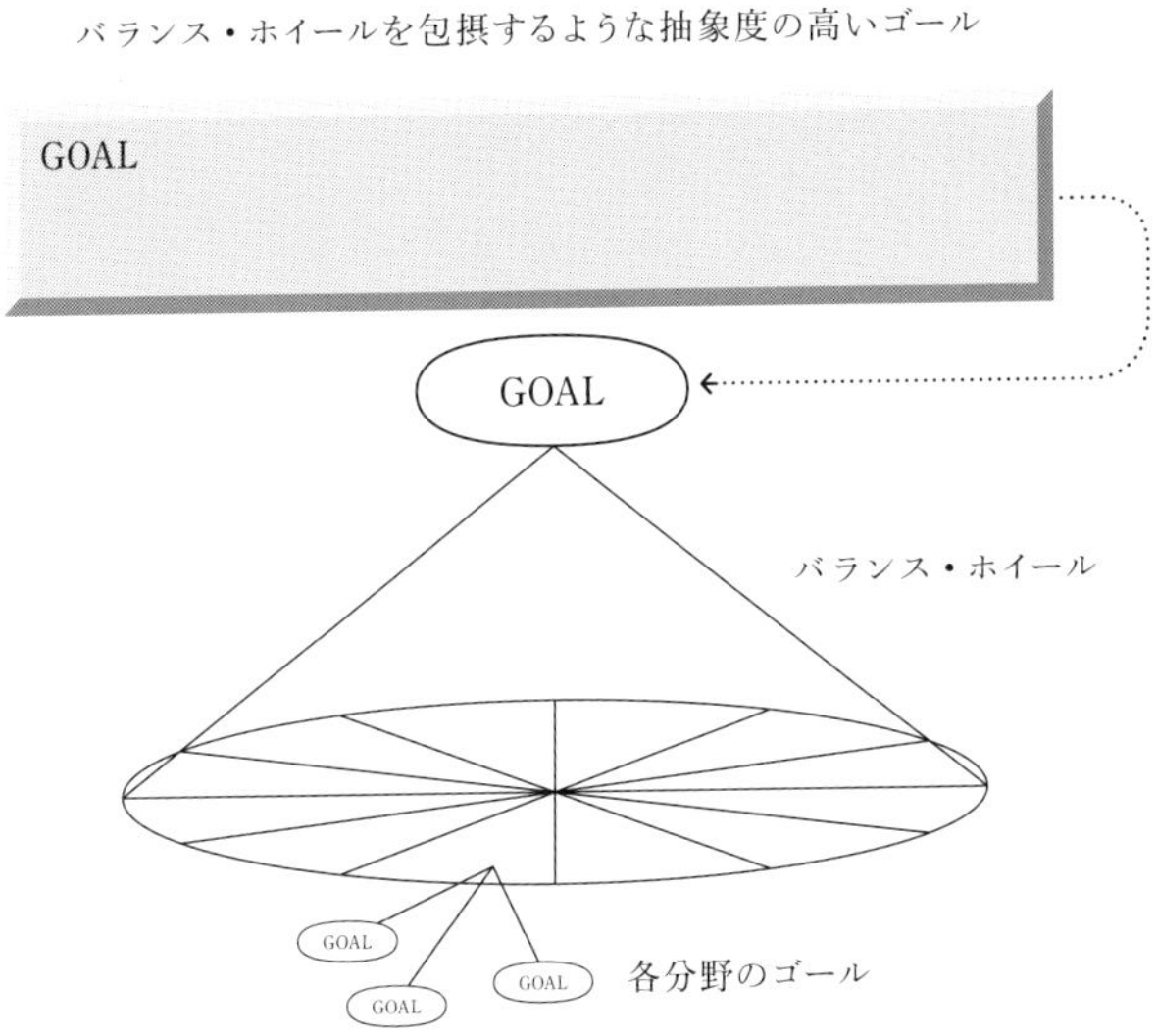

バランス・ホイールを束ねたゴール

レッスン21――すべてはマインドから始まる
～夢のさらに先へ～

マインドの原則㉑

昨日の夢は今日の必需品であり、今日の夢は明日のチャンスの糸口となる。

◇昨日の夢は今日の必需品であり、今日の夢は明日のチャンスの糸口となる

いよいよ最後のレッスンになりました。ここまで読み進めてきた自分に対して、まずは「イエス アイム グッド！」と言いましょう。

どんな時も素晴らしい自分を認めることが大切です。それをハビットにすれば「おっと、自分が素晴らしいことを忘れていた」なんてこともなくなるはずです。セルフトークによって、常に自分の素晴らしさをリマインドしましょう。セルフトークによって自己イメージが作られるのですから。

さて、最後のレッスンは「すべてはマインドから始まる」です。

これはマインドの原則「昨日の夢は今日の必需品であり、今日の夢は明日のチャンスの糸口となる」について考えてみると理解できます。

「昨日の夢は今日の必需品」には、どんな例があるでしょうか？

昔、携帯電話はありませんでした。固定電話しかありませんでしたが、いまや携帯電話は必需品です。

コンピューターもそうです。いまやコンピューターは必需品です。ビジネスでパソコンを使うだけでなく、スマートフォンもそうですし、家電製品にもコンピューターは搭載されています。電気のメーターにも車にも入っています。

昨日までの夢が、今日の必需品になりました。

では、その夢はどうして今日の必需品になったのでしょうか？

それは誰かがゴールに設定したからです。誰かのイマジネーションが現実になったのです。まさに公式「I×V＝R」です。

周りを見渡して何があるのかを確かめてみてください。そこにある一つひとつの物は、誰かのマインドの中で始まったから、そこにあるのです。

そして、今日夢に見ていることが、明日は当たり前のことになるのです。今日夢に描いたことが、明日には必需品になります。「今日の夢が明日のチャンス」を生み出すのです。

◇リーダーとは新しいゴールを作り出せる人

私たちは未来を創る天才です。マインドの働きで現状を遥かに超えた未来を創造できるのです。

個人的なことだけでなく、ビジネスや組織に対しても同様です。

例えば、いまあなたが何かの組織の一員だとします。その組織のステイタス・クオ（現状）を改善することによって、組織に貢献ができます。マインドを上手に使って、新規事業や、新しい収益モデル、新しいビジネスの方法、いままで誰も考えたことがなかった創造的な活動を生み出すことができます。

自分が組織のゴールに合わせるのではなく、自分が組織のゴールを更新すればいいのです。誰かの指示を待っている必要はありません。自分が再設定すれば良いのです。

「自分の話なんて聞いてもらえるわけはない」などと思っていませんか？

もし、そう思っているなら、自分が他者に与える影響についての認識を改める必要があります。人に影響を与えることに対する責任を引き受けるのです。

新しい未来を作り出せる人、つまり新しいゴールを作り出せる人をリーダーと言います。自分がリーダーとなり、組織の可能性を引き出しましょう。自分がゴールを設定し、リーダーとなって組織に関わるすべての人たちがより豊かで幸せになるためのチャンスが見えるように手助けするのです。

自分の成功を遥かに超えたところに、ゴールを設定しましょう。それは他の人もまた幸せになるためのゴール設定になります。

海に出ると、水平線が見えます。水平線に向かって進むと、また水平線が現われます。水平線は、次々に現われるのです。

ゴールも同じです。

ゴールに向かっていくと、またゴールが見えてきます。そのゴールの先にも、またゴールがあります。そのゴールの先へと、自分と組織を導いていくのです。

これを現実化するのは皆さんの想像力次第です。

◇ゴールの先にはゴールがある

例えば、過去はコントロールできません。しかし、未来はどうでしょうか？

未来はまだ不確定なのですから、コントロールすることができます。ゴールを設定することによって、これからやってくる未来をコントロールするのです。

「現在の思考が、未来を決定する」というマインドの原則を覚えていますか？

いま考えていることがこれから起きることです。いま現在設定しているゴールがこれから起きるということです。

この瞬間に、より良い未来、より明るい未来、より進歩した未来を頭の中に描けたら、その映像へ向かって進み、そのようになれるのです。未来はまったくその通りか、ほぼ考えた通りになるでしょう。

マジックではありません。

それがマインドの力なのです。

◇より良い自分、より良い世界を作る

このマインドの力を使うには、ここまでお伝えしたマインドの原則を自身に取り入れ、吸収してください。21のレッスンを通じて学んだ、マインドの原則やマインドの技術を知るだけでは何にもなりません。意図的にそれを使う必要があります。

大きな夢を見ることから始めましょう。現状を遥かに超えた夢です。


何に大志を抱きますか？

自分や家族や社会に何を期待しますか？

組織にしたい貢献はなんでしょうか？

国へはどんなことで貢献したいですか？

世界には何をして貢献しましょうか？


そのようにして現状を遥かに超えたところにゴールを設定するのです。夢で終わらせずに、ゴールにして達成に向かっていくのです。

ゴールと比べて「自分がまだまだ小さい」と思うのなら、大きくなればいいのです。ゴールに対して「とても無力だ」と思うのなら、力をつければいいのです。そのために必要なマインドの知識と道具は手に入れました。

誰でも始められます。

素晴らしく、やりがいのある旅が始まります。

ワクワクするような、冒険の毎日になります。

働くこと、貢献することを楽しみ、人生を謳歌しましょう。


すべてはマインドから始まります。

より良い自分になり、世界をより良い場所へと変えていきましょう。

あなたにはできます。

★実践ワーク

21のレッスンを通じて、マインドを変えるための知識や技術を学んできました。耳慣れない用語がたくさん出てきたので、一度にすべてを覚えきることは難しかったかもしれません。それでも一冊を読み通したことで全体像は掴めたでしょう。

その状態でもう一度読み直すと新しい発見、再認識できる部分もあるはずです。そのため、ぜひ再読をおすすめします。後回しにしていたワークがあったらそれも取り組んでみましょう。

しかし、何よりもあなたにとって大切なことは、ゴールを設定して、そのゴールを実現していくことです。

1　ゴール達成にこだわるエフェクティブなマインドの使い方

ゴール側の臨場感を高める技術としてアファメーション、ビジュアライゼーション、セルフトークのコントロールを学びました。これらの技術は、やればやるほどうまくなって効率的にできるようになるはずです。ただ、いくら効率化をすすめても、そもそもどこに向かっているのかが分からなければ、アファメーションをやること自体が目的になってしまいます。

実をいうと、多くの人が夢を掲げるだけで終わってしまいます。そして、後日、なんであの時やらなかったのだろうかと後悔します。

そうなってしまうのはゴールを実現することにこだわっていないからです。夢を持つこと、ゴー

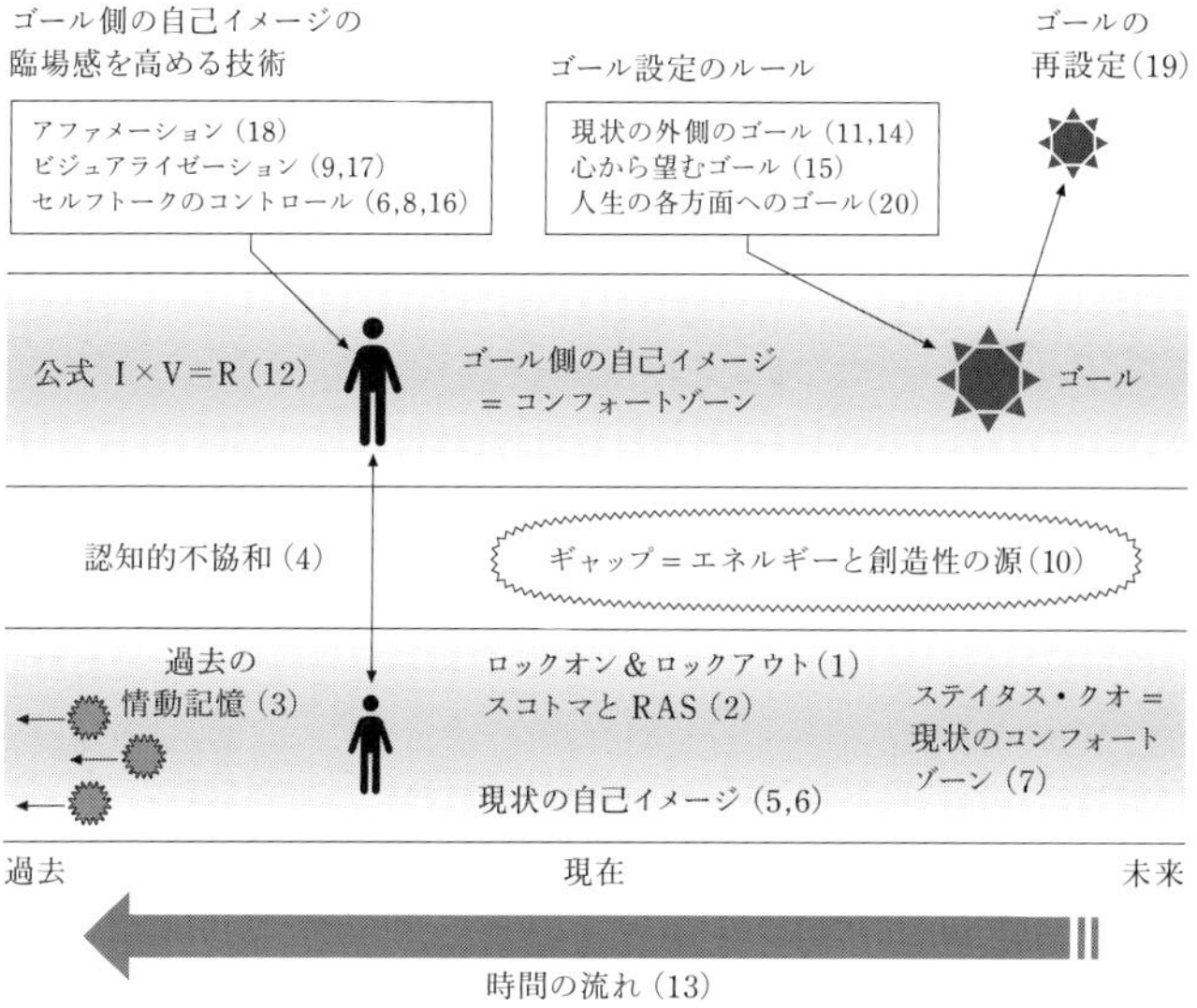

全体像（レッスンの番号）

ルを持つこと、それ自体が目的になってしまっているのです。それでは、ゴールを持つという、ゴールはすでに達成されているので何も行動を起こさないはずです。

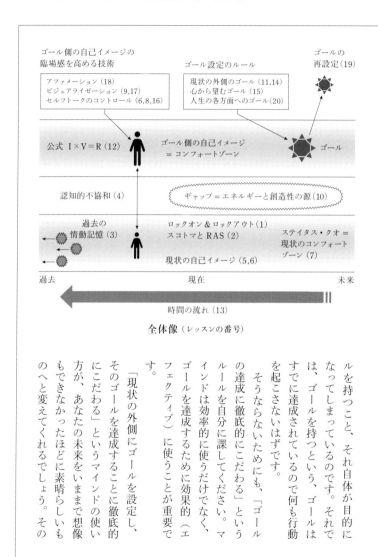

そうならないためにも、「ゴールの達成に徹底的にこだわる」というルールを自分に課してください。マインドは効率的に使うだけでなく、ゴールを達成するために効果的（エフェクティブ）に使うことが重要です。

「現状の外側にゴールを設定し、そのゴールを達成することに徹底的にこだわる」というマインドの使い方が、あなたの未来をいままで想像もできなかったほどに素晴らしいものへと変えてくれるでしょう。そのことによって、あなたに関わる人たちをも含めた人生を豊かにするはずです。

そして、最終的にはこの世界が未来の人も含めたすべての人や存在にとって、より良い世界になることに繫がっていきます。

あなたにはそれを実現するための価値と能力があるのです。

GLOSSARY

コーチング用語集

アティテュード（Attitude）

無意識の判断。行動の性向。出来事に対する受け止め方や反応などの態度。

人間は時々刻々と五感を通じて知覚している情報を基に様々な判断をしています。その判断は無意識に自動的に行われており、得られる成果に直接的な影響を与えています。

アティテュード（無意識の判断）の基準は、情動記憶によって作られます。何らかの選択をする時、その選択の結果が「嬉しい、楽しい、気持ちいい」等のプラスの情動記憶と結び付いていると判断すれば、その選択を無意識に選ぶことになります。一方で、「苦しい、痛い、気持ち悪い、恥ずかしい」等のマイナスの情動記憶と結び付いていると判断すれば、その選択は無意識に避けるようになります。

無意識は論理的に考えたり、時間を掛けて十分に選択肢を吟味したりはしません。瞬間的な判断で選択しています。そのため、本当はとても重要であったり、有益であったりしても、その情報のどこかに嫌な情動記憶との結び付きを感じてしまうと、それだけで瞬間的に避けてしまうことがあります。

アティテュードを変えるには、新しいゴールを設定することと、新しいゴールに対するポジティブな情動記憶（未来の記憶）を作ることが必要です。ゴール達成に相応しいアティテュードを身に付ければ、自動的にゴールへと近づいていくことができます。

アファメーション（Affirmation）

未来における特定の状況を、マインドの中で事実として認識して宣言すること。

アファメーションとは、言葉の持つイメージ想起力を利用し、ゴールを達成した時の自己イメージ（コンフォートゾーン）の臨場感を高める技術です。

アファメーションは次の11のルールに従って、ゴールの世界にいる自分を文章で記述します。

【アファメーションの11のルール】

①個人的（Personal）
②肯定的（Positive）
③現在形（Present Tense）
④達成を示す（Achievement）
⑤比較をしない（No Comparison）
⑥動作を表す言葉（Action Words）
⑦感情を表す言葉（Emotion Words）
⑧正確さ（Accuracy）
⑨バランスを取る（Balance）
⑩リアルなものにする（Realistic）
⑪秘密にする（Confidential）

アファメーションとして書いた文章を読み上げ、その時の自分の姿や周囲の状況をマインドの中で思い描きます。その映像に強い感情を感じることで、無意識の中に新しいリアリティである未来の記憶ができます。アファメーションによって作られた未来側のリアリティが、現状のリアリティよりも臨場感が高まれば、ホメオスタシスの力によって、ゴール側の世界へと自然に向かっていくことができます。

アファメーションを行う手順は次の通りです。

①リラックスします。
②1つのアファメーションを読みます。
③目を閉じて、そのアファメーションに書かれたイメージを思い浮かべます。
④そのイメージが実現した時の感情をじっくりと味わいます。
⑤他のアファメーションについても同様に①〜④を行ないます。

アファメーションは、毎日少なくとも寝る前と起きた後の2回は上記手順を行うことが推奨されます。

エフィカシー（Self-Efficacy）

自己のゴールに対する達成能力の自己評価。

ゴールを達成するために最も重要なのはエフィカシーです。エフィカシーは、ゴールに対して、自分がどれくらい達成できると評価しているかの度合いです。自分のそれぞれのゴールに対して、それぞれのエフィカシーがあります。

もし、現在のエフィカシーよりも高いゴールを設定すると、無意識に現在のエフィカシーのレベルまでゴールを下げてしまいます。つまり、私たちは達成できないと思うゴールは設定できないのです。そのため、エフィカシーのレベルが設定できるゴールのレベルを決め、パフォーマンスのレベルまで規定してしまいます。

しかし、エフィカシーは高めることができます。エフィカシーは、自己評価であるため、他人の評価は関係ありません。しかし、多くの場合、その自己評価は、過去の実績や他人からの評価を取り入れたものになっています。そのため、自分の評価は自分自身で決めること、そして過去や他人の評価に依らず、設定したゴールを達成した時の自分から評価を決めることが重要です。

現状の外側にゴールを設定して、そのゴールに対するエフィカシーを高めていくことが、コーチングの基本であり、コーチがクライアントに対して中心的に行っていくことになります。

置き換えの映像（Replacement Picture）

ハビット、アティテュード及び信念を変えるためのマインドの中に保存される新しい映像。

無意識に保存されている自己イメージやリアリティは、支配的な映像（Dominant Picture）となってハビットやアティテュードに強い影響を与えています。私たちは、その支配的な映像の通りに、またはその支配的な映像に向かって行動しています。そのため、支配的な映像が変わらない限り、同じパフォーマンスが繰り返されます。

いままでとは違うパフォーマンスや成果を手に入れたければ、支配的な映像を置き換える必要があります。この支配的な映像を置き換えるための新たな映像を、置き換えの映像（Replacement Picture）といいます。

カ行

ゲシュタルト（Gestalt）

全体と部分とが双方向的に意味を与える統合された概念構造。人間の場合、精神の全体性を持ったまとまりのある構造、つまり統合的な人格のこと。

人間は潜在的には、複数のゲシュタルトを持つことができます。ただし、ホメオスタシスを維持できるゲシュタルトは同時には1つだけです。複数のゲシュタルトのうち、最も臨場感の高いゲシュタルトが選ばれます。

ゴールを設定すると、いまの自分のゲシュタルトとゴールの世界にいる自分のゲシュタルトと、最低2つのゲシュタルトを持つことになります。その2つのうち、より臨場感が高い方のゲシュタルトが選ばれます。その選ばれた方のゲシュタルトによって、目の前にある一つひとつの物事の意味や過去の出来事に対する意味解釈も変わってきます。全体と部分とが双方向的に関係し合って意味が決まるからです。

ゴール側のゲシュタルトの臨場感が、現状のゲシュタルトよりも高くなると、ゴール側のゲシュタルトが選ばれます。そして、ホメオスタシスにより、ゴール側のゲシュタルトを維持するための、つまりゴールを達成するためのエネルギーと創造性が発揮されます。

現状の外側のゴール設定（Goal Setting Far Beyond the Status Quo）

ステイタス・クオ（現状のコンフォートゾーン）

の外側にゴールを設定すること。

ゴール設定の重要なルールの1つが、「ゴールは現状の外側に設定する」ことです。

現状（ステイタス・クオ／コンフォートゾーン）の内側にゴールを設定してしまうと、スコトマが外れず、ますます現状に縛り付けられ、可能性を制限することになります。コンフォートゾーンの内側にあるゴールは、どんなに高そうに見えても、それは理想的な現状となります。

「ゴールをステップ・バイ・ステップで設定する」方法は、理想的な現状を目指すゴール設定のやり方であり、私たちを現状に縛りつけ、かえってパフォーマンスを制限します。

また、よくゴールは大きい方が良いという言い方をしますが、どれくらい大きければ良いのか、大きいとはどういうことなのかを明確に定義したものが、現状の外側のゴールです。

現状の外側のゴールであれば、設定した時点では、どうやったらそれを実現できるのかわかりません。達成する道筋はスコトマが外れることによって後から見えてくるのです。もしも設定した時点で道筋が見えるとしたら、それは現状の延長線上のゴールなので、ゴールの再設定が必要です。

現状の外側にゴールを設定した結果、コンフォートゾーンが動き、スコトマが外れます。するといままで見えなかった新しいゴールも見えてきます。

イマジネーションの限界が人間の限界であり、そのイマジネーションの限界を超えたところに新しいイノベーションが生まれます。そのため、いまのイマジネーションの限界を超えたところ、つまり現状の遥か外側にゴールを設定しようとしていくことが、正しいゴール設定の仕方です。

幸福の4つのレベル（Four Levels of Happiness）

ギリシャ哲学による幸福の4つのレベル。

•Level1：基礎的な（本能を満たすための）幸

福（H1：Happiness 1）

完全に満たされることのない激しく即物的な幸福。食欲や性欲など身体的な欲求。生存のために必要なものもありますが、ほどほどにする必要があります。

•Level2：競争からもたらされる幸福（H2）

他者より優れたものをより多く所有したり、他者より優位に立ったりすることで得られる幸福。競争原理や成長を促す観点からはメリットがありますが、利己的になります。

•Level3：奉仕することで得られる幸福（H3）

他者へ貢献することにより、その他者が幸せになったり、成功したりすることで得られる幸福。利他的な行動によって得られる幸福。

•Level4：至福の境地（H4）

完璧かつ究極な正義、真実、愛など人間のレベルでは得ることができないと考えられている幸福。人間は完璧ではないので、全てに完璧を求めると破滅してしまいます。

上記のH1、H2、H3のレベルをバランスよく考慮してゴール設定することにより人生の幸福がもたらされるという考え方です。

コーチング・バックワーズ（Coaching Backwards）

ミスなどの修正点に着目して行動を変えさせようとする古いコーチングの手法。

スポーツなどにおいてミスした映像を繰り返し見せると、その映像がネガティブな自己イメージとして無意識に保存されます。そのイメージは自分がプレーする時の支配的な映像となり、パフォーマンスに影響を与えます。

ミスに着目させることで現状に気づかせるという効果がある一方、良い結果を出すための新しい置き換えの映像を生み出すことに繋がりづらいため、ミスを繰り返すことになります。また、ミスを起こさないことに気を取られるので、常に緊張と不安の状態でプレーすることになり、ミスが生まれやすい状態に陥ります。そして、常に過去に囚われることになるので、自己評価も下がり、設定されるゴールも現状の延長線上のゴールになります。

コーチング・フォワード（Coaching Forward）

ミス自体よりもミスが修正された置き換えの映像に着目して行動を修正する、より進歩したコーチングの手法。

例えば、スポーツにおいてコーチが選手のミスを修正させる場合に、ミスをした原因や状況を一度は認識させますが、一度選手が認識したら、失敗した映像を録画した映像などで繰り返し見せることはしません。これまでのミスを強調するのではなく、良い結果につながる正しい置き換えの映像を相手に与えます。置き換えた新しい映像が相手にとっての支配的な映像となれば、その映像に向かって行動パターンを変えていくことができます。

「次は〇〇している」がキーワードとなります。置き換えの映像は、相手にとって、それが既に実現しているように、ありありと一人称・現在形で与えていきます。

過去に囚われずに、望ましい未来に常に視点を持たせることができるので、ミスに対する修正能力も高まります。たとえ、ミスをしたことにより一時的にネガティブな感情を抱いたとしても、それがネガティブな情動記憶として定着することを防ぐこともできます。

この方法は第三者に対してだけでなく、自分自身に対しても使えます。

ゴール設定（Goal-Setting）

新たなゴールを設定することにより、マインドの内部の秩序を壊し、新たな秩序を作り上げるためにエネルギーと創造性を発生させる行為。

人間は、個人でも、組織でも、様々な物事について「こうあるべきだ」「こうなるべきだ」というリアリティをマインドの内側に持っています。そして、知覚した外部の情報が、内側のリアリティに一致するような秩序を常に求めています。内側のリアリティと異なる情報が外側にあると、自分の内外の秩序が保たれず、マインドにとって問題となります。そして自分の内外の齟齬を修正し、秩序を回復しようとします。この仕組みを利用すれば、新たなゴール設定をすることにより、内面のリアリティを変え、意図的に秩序を壊すことができ、ゴール達成のためのエネルギーと創造性を生み出すことができます。

また、外部の情報と内面のリアリティの差が大きいほど、その秩序を回復しようとするエネルギーと創造性も大きくなります。そのため、高いゴールを設定すれば、それだけ現状との差が大きくなるので、大きなエネルギーと創造性が生まれます。

ただし、無意識は、エネルギーと創造性が働く方向性までは気にとめておらず、エネルギーと創造性は最も臨場感が高い方に使われます。そのため、外部の現状より、内面の新しいリアリティの臨場感を高めないと、ゴール設定しても、そのエネルギーと創造性は、現状に引き戻すために使われる可能性があるので注意が必要です。

ゴールの再設定（Goal-Set Through）

現在設定しているゴールの先に新たなゴールを設定すること。

ゴールは一度設定したら終わりではなく、再設定していくことが重要です。現状とゴールの世界との隔たりが大きいほど、大きなエネルギーと創造性が生まれます。しかし、隔たりがなくなってしまえば、それまでのエネルギーと創造性も失われてしまいます。

現状の外側にゴールを設定した時点では、現状とは大きな隔たりがありますが、ゴールに近づいてくると、現状とゴールの隔たりがなくなってい きます。そのため、ゴールに達成する前にゴール を再設定することが必要になります。大きなこと を成し遂げた後に、やる気を失ってしまう「燃え 尽き症候群」と言われるものも、ゴール達成の前 にゴールの再設定をしなかったことが原因です。 ゴールに到達してエネルギーがなくなり、まるで 燃え尽きたように何もやる気が出なくなってし まったのです。

私たちのマインドはコンフォートゾーンを維持するだけのエネルギーしか出してくれません。余分に出しておこうという配慮はしてくれないのです。そのため、現状のコンフォートゾーンとゴール側のコンフォートゾーンが一致した時はもう、現状を維持するためのエネルギーと創造性しか生まれません。

常に潜在的に持っている可能性を引き出し、エネルギーと創造性を発揮し続けるためには、現在設定しているゴールのさらに先の未来にゴールを設定することです。ゴールに近づけば、さらにその先へ、ゴールを発展的にリセットして、更新していくことが必要です。

ゴールの再設定を続けていくと、いままではスコトマになって見えなかったゴールが見えてくる可能性が高まります。そのゴールこそが、自分自身が本当に求めていたゴールであるのかもしれないのです。

コレクティブ・エフィカシー（Collective-Efficacy）

集合的なエフィカシー。

コレクティブ・エフィカシーには2種類あります。

一つは、高いエフィカシーを持った個人が集まることにより、お互いがお互いのゴールの存在を認め合い、お互いのエフィカシーをさらに高め合う状態のことです。

もう一つは、同じゴールを共有した組織の構成員による集合的なエフィカシーのことです。組織の構成員それぞれが組織のゴールを達成できるという高いエフィカシーの状態にあることです。組織が高いゴールを達成するためには、高いコレクティブ・エフィカシーが必要となります。

コンディショニング（Conditioning）
条件づけ。特定の刺激に対する行動の傾向。

人間は五感を通じて何かを認識する時に、その前に与えられた条件によって、認識できる対象やその意味内容の解釈に影響を受けます。また、行動も、その前に与えられた条件や刺激に影響を受けています。そのような認識や行動に影響を与える条件づけをコンディショニングといいます。

コンディショニングは、自分自身の中にある知識や経験などの過去の情報によることもあれば、他人が自分に何を言ったのかということもあれば、置かれた環境によることもあります。

何らかのコンディショニングによって、一度そうだと思い込んでしまうと、それ以外のことは見えなくなってしまいます。つまり、コンディショニングによっても、認識の盲点であるスコトマが生まれます。

そして、一人ひとりのコンディショニングは異なっているので、同じものを見たり、聞いたりしていても、違うものを認識している可能性が常にあります。そのため、コミュニケーションの際には、一人ひとりのコンディショニングに違いがあることに留意しておく必要があります。

コンフォートゾーン（Comfort Zone）
人が緊張せずにいられる物理的または精神的に限定された範囲。慣れ親しんだ物理的・情報的な範囲。

それぞれの人にとって、心地よいと感じられる領域であるコンフォートゾーンは、自己イメージによって決められています。自己イメージはその人にとって重要なものの集まりですので、コンフォートゾーンも自分にとっての重要なものの集まりによってできています。

人間は、コンフォートゾーンの中にいれば無意識にとって快適なので、それを維持しようとします。人は、自然とコンフォートゾーンの中で思考し、行動しているのです。もし、コンフォートゾーンの外側に出てしまうと、コンフォートゾーンに戻ろうと無意識が働きます。コンフォートゾーンを維持したり、コンフォートゾーンの外側に出た時に戻ろうとする力が働いたりするのは、ホメオスタシスの機能によるものです。

コンフォートゾーンの外側にいると、記憶の入出力が妨げられ、肉体的な緊張も生まれます。その結果、コンフォートゾーンの外側では、パフォーマンスが大きく下がることになります。スポーツにおいてホームに比べてアウェイで力が発揮できないのは、アウェイがコンフォートゾーンの外側だからです。

こうしたコンフォートゾーンによる作用は、セルフレギュレーション（自己調整機能）として働き、可能性を制約することに繋がります。そのため、パフォーマンスを高めるためには、コンフォートゾーンを高める必要があります。

ここで、コンフォートゾーンの範囲は自己イメージが決めますので、自己イメージを高める必要があるということです。パフォーマンスを決める自己イメージとしては、エフィカシー（自己のゴールに対する達成能力の自己評価）が大きく関係しています。そのため、パフォーマンスを高めるためには、エフィカシーを高める必要があります。

サ行

スコトマ（Scotoma）

認識の盲点。

認識できていないものをスコトマといいます。

スコトマとは、もともと眼科の用語です。私たちの眼の構造は、眼球の奥に網膜があり、その網膜上にあたった光を視細胞が電気信号に変換して脳に送っています。その視細胞から脳に電気信号を送る視神経を束ねた網膜の部分には視細胞がないため、物理的に見えない小さい穴のような場所ができています。しかし、目の前の世界に小さい穴が空いて見えないのは、脳が上手に補正してくれているからです。そのような物理的な盲点だけでなく、心理的・認知的に見えない情報も物理的な盲点と同じような意味を持つので、認識していない情報全てを指してスコトマと呼びます。

私たちは目の前にある全てのものが見えていると感じていますが、実際には認識できているのは全体のごく一部に過ぎません。何かにロックオンしているためにロックアウトされてスコトマになっている情報が必ずあります。

私たちの新しい可能性、新しい方法、新しいゴールは、このスコトマの中に隠れているのです。スコトマは見えないから悪いというものではなく、スコトマがあるからこそ、その中に可能性があるともいえます。スコトマの存在は、無限の可能性の裏返しです。そのため、「自分にはスコトマがある」ということに自覚的であることが、自分の可能性を引き出していくための第一歩となります。

思考のプロセス（Process of Thought）

『意識』、『無意識』、『創造的無意識』の間で行われる情報のやり取りのこと。

〈意識（Conscious）〉

意識には4つの機能があります。

①知覚（Perception）
②照合（Association）
③評価（Evaluation）
④判断（Decision）

〈無意識（Subconscious）〉

無意識には次の2つの機能があります。

①情報の保存（Stores Information）
リアリティ（Reality）、真実（Truth）、情動記憶（Emotional History）、自己イメージ（Self-Image）といった情報が保存されています。
②自動的な処理（Automatically Process）
ハビット（無意識の行動、Habit）やアティテュード（無意識の判断、Attitude）があります。

〈創造的無意識（Creative Subconscious）〉
創造的無意識には次の4つの機能があります。
①リアリティを維持する（Maintains Reality）
②矛盾を解決する（Resolves Conflict）
③エネルギーを作る（Creates Energy）
④目標に向かう（Teleological）

　思考のプロセスにおいて、情報の判断基準となるのは、無意識に保存された情報（リアリティ、真実、情動記憶、自己イメージ）です。これらの情報は過去に自分が経験したことなどの記憶です。そのため、この情報が変わらなければ、判断基準が変わらず過去の繰り返しの人生を送ることになります。

思考の3つの軸（Three Dimensions of Thought）
人が思考する時の言葉・映像・感情からなる3つの要素。

　人間は「言葉（Words）」と「映像（Pictures）」と「感情（Emotions）」という3つの軸によって思考しています。私たちは「言葉」を使って考えます。その言葉が「映像」を想起させます。そして、その映像は「感情」を生み出します。人間は、この3つの軸で常に自分自身に話しかけています。この3つの軸による思考を「セルフトーク」といいます。
　この思考体系は、別の言葉では「アファメーション」ともいいます。アファメーションとは「事実として認識したことを宣言する」ことです。「信念について述べる」こととも言えます。ここでの「事実」とは実際の事実とは限りません。人間の『無意識』は、自分自身に事実として認識したことを真実としてそのまま受け入れます。

アファメーションのプロセスは、人間がこの3つの軸で思考することを応用した技術です。

自己イメージ（Self-Image）
自分がどういう存在かという認識。

自分がそう思うだけでなく、他人からもそう思われているはずだと認識している「私とはこういう人間だ」という自分像が自己イメージです。

自己イメージはセルフトークによって作られ、無意識に保存されます。ほとんどのセルフトークは他人の言動が元となって作られているため、そのセルフトークによって作られる自己イメージもたいていは他人から形作られてしまったものです。このように自己イメージは後天的に作り上げてきたものなので変えることができます。

私たちは、セルフレギュレーションの機能によって、自己イメージを維持し、自己イメージ通りに振る舞おうとします。自己イメージがコンフォートゾーンの境界を決め、コンフォートゾーンによってパフォーマンスが規定されます。そのため、パフォーマンスや成果を変えるためには、自己イメージを変える必要があります。

自己充足的予言（Self-Fulfilling Prophecy）
自分の信念に基づいて予想した未来はその通りに実現するという現象。

現在の思考によって、スコトマが作られることも、スコトマをなくすこともできます。「今日は良い日になるぞ」と思って一日をスタートすれば、悪いことに対するスコトマができて、悪い出来事が見えなくなります。その結果、その日は良い日になります。

逆に、「今日は悪い日になるぞ」と思っていると、良いことがスコトマになって、悪いことばかりが目につくようになります。実際には良いことも悪いことも起きているはずですが、自分の思考によってスコトマになるものが変わります。

自分の将来についての予想は、自分がどのように思考しているかによって決まります。そして、予想した通りのことが実現するように情報を取捨選択し、行動します。その結果、予想した通りの未来が実現します。まさに自分の思考が、自分の未来の予言者となるのです。

支配的な映像（Dominant Picture）

自分が向かっていく先の映像。

無意識に保存されている情報の中で、最も臨場感の高い自己イメージやリアリティは、支配的な映像となって、私たちの行動の基準となります。

人間には目標に向かって進んでいくというテレオロジカルな性質があります。そのため、常に向かっていく目標物を探しており、その際に目標物となるのが、無意識に保存されている支配的な映像です。

人間は、その支配的な映像の通りに、又はその支配的な映像に向かって行動します。そのため、支配的な映像が変わらない限り、同じパフォーマンスが繰り返されます。

未来を変えたければ、支配的な映像を変えるための「置き換えの映像（Replacement Picture）」が必要となります。

情動記憶（Emotional History）

信念を形成する強い感情を伴った体験の記憶。

失敗の記憶だけでなく、成功体験などの記憶も含まれます。嬉しかった気持ちを伴う記憶、つらい気持ちを伴う記憶、悲しかった気持ちを伴う記憶、あるいは痛かったとか、臭かった、冷たかった、熱かったといった五感を伴う記憶も情動記憶です。

この情動記憶は非常に強いものなので、無意識が何らかの判断をする際に照合しやすい記憶です。そのため、ハビットやアティテュードは情動記憶によって作られます。

ハビットやアティテュードを変えるためには、新しいゴールを設定して、そのゴールを達成した自分に対する情動記憶（未来の記憶）を作ることが必要です。

信念（Belief）

感情的に受け入れた主張、声明、教義、主義。その人にとって物事に対してこうあるべきだと信じている姿。

信念は、情動記憶によって作られます。ここでいう信念とは、いわゆる体験的な記憶としての信念と自分が言葉として聞いた情報を受け入れた結果としての信念との両方を合わせた内容を意味しています。

例えば、過去にコーヒーを飲んで苦くてまずかったからコーヒーを飲まないというのは、直接的な体験としての情動記憶によってできあがった信念です。一方で、子供の頃に母親から「コーヒーはカフェインが入っていて身体に悪いから飲んではだめ」と叱られて飲まなくなったのは、言葉として聞いた情報に対して感情を伴って受け入れた結果できた信念です。このような情動記憶によって出来上がった信念は、コーヒーを飲む、飲まないというような、アティテュード（無意識の判断）に影響を及ぼします。

私たちは、様々な物事に対して、情動記憶によってできあがった信念をもっており、それらが体系だってブリーフ・システム（Belief System）を形成し、ハビットやアティテュードに影響を与えています。

ステイタス・クオ（Status Quo）

現状。「いま」という時間の状態ではなく「現在の状況が続けば十分に起こり得ると予想される未来」をも含む概念。

ステイタス・クオとは、政策ディベートで使用される用語ですが、政策の世界でいえば、現在の法律を変えなければ続く将来は現状です。いまの法律の範囲内でできることは、いまそれをやっているか、いないかにかかわらずすべてが現状ということです。政治の世界では、新しく立法しない限り、現状は変わりません。

自分の将来についても、自分が大きく変革しない限り達成できることは、全て現状です。言い換えると、ステイタス・クオとは、いまのコンフォートゾーンの延長線上にある未来ということです。そのため、自分を大きく変革させるために「ゴールをステイタス・クオの外側に設定する」というのがゴール設定の重要なルールの1つになります。

セルフ・エスティーム（Self-Esteem）

自分の価値の自己評価。自分の社会的な地位に対する自己評価。自尊心。

自己イメージの中の自己評価には、セルフ・エスティーム（自分の価値の自己評価）とエフィカシー（自分のゴールに対する達成能力の自己評価）があります。その両方を高く保つことが、高いゴールのコンフォートゾーンの臨場感を高めるためには必要です。

人間の潜在能力を高めるための単純かつ強力な方法は、「自分は優れている」と自分の価値を認めることです。セルフ・エスティームと自分を取り巻く人間関係や自分が手にできる機会は、直接的な比例関係にあります。そのため、人生をより良いものにしたい、そして、より良い成果を上げたいのであれば、セルフ・エスティームを高めることが重要となります。

セルフ・エスティームを高めるために、まず重要なことは、自分の評価は自分で決めるということです。私たちは社会の方に何か絶対的な評価基準があって、その基準に合っているか合っていないか、その基準に比べて自分が高いのか低いのかといったことで、自分を評価してしまいがちです。しかし、自分の評価であるセルフ・エスティームやエフィカシーは、自分自身で決めるものであって、自分の外側の基準に照らして決めるものではありません。

その前提で、セルフ・エスティームを高めるために、まず実践できることは、ネガティブな自己評価をしないということです。自分だけでなく、他人に対しても価値を下げるようなセルフトークを排除する必要があります。そして、何かうまくいった時は「自分らしい」、うまくいかなかった時は「自分らしくない。次は○○する」と言えばいいのです。

そして、他人から賞賛された時の受け答えも重要です。まず人から賞賛された時は、そんな事はありませんと否定してしまいがちです。それでは、「自分には価値がない」と言っているのと同じですので、セルフ・エスティームを下げてしまいます。賞賛されたら「ありがとうございます」と御礼を言えば良いのです。そして、「あなたのお陰です」というように相手、或いは他の人に対する感謝の念を伝えます。そうすることによって、相手もセルフ・エスティームを高めていくことができます。

セルフトーク（Self-Talk）

自分で自分自身に話しかける言葉。

セルフトークの中身は「言葉・映像・感情」という思考の3つの軸によって構成されています。自分自身に語りかける言葉が、映像を生み、その映像が感情を誘起させ、自己イメージを作り上げています。

セルフトークの大半は、ネガティブなものです。なぜネガティブなセルフトークになるかと言えば、人はたいていネガティブなことが記憶に強く残るからです。その典型は学習です。人間の学習は失敗とその調整の繰り返しから生まれます。ネガティブなことが記憶に残らないと学習することはできないので、ネガティブなことが記憶に残りやすくなるようにできているのです。

セルフトークは再体験するのと同じ効果を持っています。そのため、たった一度しか失敗していなくても、セルフトークによって再体験が繰り返され、ネガティブな低い自己評価の自己イメージが作られてしまいます。一方で、大抵の場合、成功した体験は強い情動記憶として残りづらいので、それはセルフトークにはなりづらいのです。

そのため、セルフトークをコントロールすることが重要になります。セルフトークをコントロールしないと、自分自身がセルフトークにコントロールされてしまうことになります。具体的には、ゴールの世界の自分がしているセルフトークをするようにコントロールしていきます。未来の自分のセルフトークを取り入れる方法がアファメーションです。

セルフトークの4つの段階（Four Levels of Self-Talk）

「①〜無理だ、②〜すべきだ、③〜はやめよう、④次は〜しよう」というセルフトークの4つのレベル。

セルフトークには次の4つの段階があります。自分が望む未来を実現するためには、第1から第3の段階から、第4段階に到達する必要があります。セルフトークのコントロールとは、第4段階のセルフトークをするように、セルフトークを管理することです。

【第1段階】否定的に諦めている状態

「無理だ」「できるわけがない」という諦めのセルフトーク。過去の自己イメージがもたらすネガティブなセルフトークであり、多くの人がこれによって縛られています。

【第2段階】課題を認識している状態

「〜すべきだ」「〜できたらいいな」「〜であったらいいな」という願望のセルフトーク。課題は認識していますが、単なる願望をいっているだけなので、何の変化も起きません。

【第3段階】誓いを立てている状態

「もうこんなことはやめる」「こんな状態からは抜け出そう」という誓いのセルフトーク。その状態をもうやめようという誓いを立てて何かしようとしているものの、その状態を抜け出した先の置き換えの映像がないため、過去の自分に戻ってしまいます。

【第4段階】置き換えの映像が生まれた状態

「次はこうする」「〜するつもりだ」という新しい次元に向かうセルフトーク。単なる願望ではなく、置き換えの映像に対して、それが既に実現しているかのような臨場感を持っています。この段階のセルフトークにコントロールできれば、未来思考になり、ゴールの世界に向けてスコトマを外しながら進んでいくことができます。

セルフレギュレーション（Self-Regulation）

信念を基準とした自己調整機能。

人は、信念以上の力を発揮することはできません。それは、信念を基準に、それを維持し、基準から外れると元に戻すセルフレギュレーション（自己調整機能）の働きがあるからです。セルフレギュレーションは、生体に生まれつき備わったホメオスタシスの働きによるものです。

人は無意識のうちに、現状を維持するために、ブリーフ・システムに違反する新しい行動を排除します。信念を変えないで行動だけを変更しようとしても、それは必ず元に戻ってしまいます。

自分の基準に対して、それを上回っても、下回ってもセルフレギュレーションによって、元の基準に戻ります。基準を下回った時には、無意識が元に戻してくれるのは助かりますが、基準を上回った良い場合にも起こってしまいます。そのため、良い結果を得たいのであれば、信念を変え、基準自体をまったく新しいレベルに移動する必要があります。

セルフレギュレーションによって、維持される一定の範囲がコンフォートゾーンです。

創造的逃避（Creative Avoidance）
不安の軽減を意図して、想像力を使って、ゴールや目的から離れようとする行動。

Have-to-Goalに従わなければならない時や、コンフォートゾーンの外側に出た時、強制的に何かをやらせようとした時に起きる逃避行動です。傷つくこと、痛いこと、不快なことに対しては、情動記憶により、無意識のうちに避ける方向に進んでいきます。このようなネガティブな情動記憶によって避ける行動も創造的逃避です。

創造的逃避の状態では、無意識が、創造的にそれを避ける方法を作り出そうとします。例えば、先延ばしにするための言い訳を思いついたり、ありもしない障害を作ってその状況から抜け出そうとします。このような創造的逃避は繰り返す度に無意識に蓄積されていき、そのうち本人も気づかないうちに自動的に処理されハビットやアティテュードになります。

タ行

抽象度（Levels of Abstraction）
概念に階層性がある中で、その概念を定義する情報量の大小の度合いのこと。

抽象度とは、物事を抽象化する度合いの事です。

抽象化の反対は具体化です。抽象度を上げるということは具体性が下がることを意味します。すなわち、抽象度を上げることは、ある物事や存在の本質をより少ない情報で表すことです。

概念には階層性があります。例えば、「犬」と「猫」と「動物」という3つの概念を比較したとき、「動物」という概念は「犬」と「猫」を包摂（ほうせつ，subsume）する形になります。「犬」と「猫」の一つ上の階層に「動物」があるわけです。

抽象度とは、このように概念に階層性がある中で、その概念を定義する情報量の大小の度合いのことを指します。抽象度が高いほど概念を表す情報量は少なくなり、抽象度が低いほど概念を表す情報量は多くなります。

例えば、「犬」と「動物」という概念を比べた時、「動物」を定義する情報があって、そこに「犬という概念」にするための情報を付加することで、「犬」という概念が定義できます。

・犬＝動物＋犬を定義する情報（例：尻尾、毛が全身に生えてる、肉球…）
・情報量：動物＜犬

「動物」を定義する情報量よりも「犬」を定義する情報量の方が多いため、「動物は犬より抽象度が高い」と表現します。そして、「犬」と「猫」と「動物」という概念を並べてみると、階層性を考えた時、「動物」は「犬」と「猫」より抽象度が高いので、この状態を「動物は犬を包摂している」、「動物は犬と猫の両方を包摂している」と表現します。

抽象度が高くなるにつれて、概念自体を表す情報量は少なくなりますが、包摂する概念や潜在的な情報量は増えていきます。例えば、「個人」→「家族」→「地区」→「市区町村」→「都道府県」→「国」の順に包摂する範囲が広がり、抽象度が高くなっていきます。

抽象度は、物事を観るための視点の高さということもできます。ゴールを設定する際は、抽象度を上げてゴールを設定することが重要です。より抽象度を上げると、より社会性の高いゴールになります。それはより本質的な問題を解決することであり、より多くの人を幸せにできるということです。

テレオロジカル（Teleological）

人間は目的を持って目標に向けて進むという性質。

人間は、ランダムに行動しているのではなく、目的を持って目標に向かって進んでいく性質があります。そのため、人間は常に目指す先を求めており、現在思考している物事が実現するように行動します。

その思考の基準は映像です。その映像を思い浮かべながらあることについて考えた時、人間は映像に向かって動き始めます。思い浮かべた映像が、良いものであっても、悪いものであっても、その映像に向かっていくので、現在の思考をコントロールすることが重要です。

ドリームキラー（Dream Killer）

夢をこわす人、夢を諦めさせようとする人。

ゴールに向かうことを邪魔する人です。ホープバンパイア（Hope Vampire）ともいいます。ドリームキラーになる可能性が高い人は、両親、先生、配偶者、友人、上司など日ごろ身近にいて接することが多く、その人に対する情報を多く持ち、影響力を行使しやすい位置にいる人です。なぜなら、その人たちは過去の実績に基づいて、将来を予測し、助言というかたちで夢を壊しにかかるからです。

なぜ、ドリームキラーが生まれるかというと、人はコンフォートゾーンをもっており、そのコンフォートゾーンを外れる人に対しては居心地が悪く感じられるからです。仮に、自分だけがゴールを新しく設定して、コンフォートゾーンを高めたとしたら、周囲の人たちのコンフォートゾーンの外側にいる人になってしまいます。すると周囲の人たちは、自分たちのコンフォートゾーンに引き戻そうと、無意識に相手を引きずり降ろそうとしてしまうのです。

反対に、可能性を信じ、ゴール達成の力になってくれる人、応援してくれる人、さらに高いゴール達成を信じてくれる人をドリームサポーターといいます。コーチの役割の1つはクライアントのドリームサポーターになることです。

ナ行

認知的不協和（Cognitive Dissonance）

2つの矛盾する認知（信念、意見、アイディアなど）を同時に持った時に起こる不快な感情（怒り、苛立ち、緊張など）又は、その不協和を解消しようとする心理状態。

自分が強く信じていることに対して、他の人が反対の見解を示した時に怒りを覚えるのは、2つの矛盾する認知を同時に持ったために「認知的不協和」が起きたからです。不協和によって不快な緊張状態を強いられるため、この不協和を解消して解決しようとします。

例えば、壁に傾いて掛かっている絵をまっすぐに直したいという衝動にかられるのは、自分の内側には、絵が真っすぐに掛かっているイメージがあるからです。その内側のイメージと知覚を通して認知したイメージとが対立して不協和を起こして不快な感情を抱いたため、それを解消しようと真っすぐに掛け直すための行動を取りたくなります。そこで、掛かっている絵を真っすぐに直すための行動を取れば、内側の現実と外側の現実とが合致するため不協和が解消されます。しかし、そこで行動を起こさず絵を傾いたままにしておくと、はじめは不協和を感じていても、自然にその状態に慣れてしまい、内側の現実を傾いた絵の方に修正してしまいます。

このように自分の内側の現実と外側の現実が合わなくなると、どちらか一方に合わせてリアリティを作り変えてしまいます。ゲシュタルトは1つしか維持できないからです。

マインドの内側にある現実を変えることによって、マインドの外側の現実を変えていくことができます。いま何かしらの行動のためのエネルギーが生じていないとしたら、それは、内側の現実と外側との現実との間に不協和が生じていないからです。また、長い間、不協和の状態を維持していると心身に何かしらのダメージが生じてしまう可能性があります。それを防ぐために、外側が不都合な現実であっても、内側の現実をそれに合わせてしまいます。

「認知的不協和」という原理を上手に活用することによって、自然とゴールを達成していくこともできます。つまり、「いまある現実世界のリアリティ」よりも「ゴール世界のリアリティ」の臨場感をより高めることによって、意図的に不協和を起こさせます。そうすると、その不協和を解消するために、自然とゴールの世界を達成するように無意識が導いてくれるのです。ゴール設定とは、意図的に認知的不協和を起こして、それを解消するためのエネルギーと創造性を生み出すことです。

ハ行

ハビット（Habit）

無意識の行動。反復して、自動的かつ容易に実行される行動のパターン。


ハビットとは、無意識に当たり前のように行う全てのことです。習慣や癖なども含まれます。無意識に自動的に行われるので、私たちが何を達成できるのかという結果に直接的な影響を与えます。

獲得した無意識の行動に身を任せていれば、一つひとつの行動を意識に上げる必要がないので効率的ですが、いままでと同じ結果しか手に入れられません。達成できるものを変えたければ、ハビットを変える必要があります。そのためには、新たなゴールを設定して、新たなハビットを獲得するまで、そのゴールを維持し続けることが必要となります。

バランス・ホイール（Balance Wheel）
人生で改善したい分野を大きく分けて、それぞれの分野にゴール設定するためのツール。

幸福な人生を送るためには、ゴールはある特定の分野に一つ設定すれば良いわけでなく、人生の各分野それぞれにゴールを設定する必要があります。特に改善したい分野、重要だと思っているけれどまだゴール設定していない分野を、バランス・ホイールに書きます。例えば、職業、ファイナンス、家族、健康、社会貢献、趣味、教育、精神的な健康などの分野があるでしょう。それぞれの分野に対して、ゴールを設定していきます。

その分野が大きすぎてゴールが設定しづらい場合は、その分野をさらに細分化したバランス・ホイール（ミニ・バランス・ホイール）を書き、細分化した分野それぞれに対してゴールを設定します。そして、それぞれのゴールに対してアファメーションを書き、臨場感を高めていきます。

人生のさまざまな分野に対して、具体的な自己イメージが与えられると、未来の自分に対してより高い臨場感が得られ、ゴール達成がしやすくなります。

プッシュ・プッシュバック（Push-Push Back）
強制されると、無意識に拒絶しようとするマインドの働き。

他者から強制されると、私たちの無意識はそれを拒絶しようと押し返します。セルフ・エスティーム（自尊心）やエフィカシーが高い人ほど、他者からの強制に対して強く反発する力が働きます。

他人に押し付けられて、Have-to（～しなければならない）と感じると、マインドはそれを押し返そうとします。プッシュ・プッシュバックが起きているのに、無理に何かをやらせようとすると、創造的逃避によりできないための言い訳をされたり、なかなか手を付けずに引き延ばされたりします。

ビジュアライゼーション（Visualization）
想像によって心の中にイメージを描くこと。イメージには視覚情報だけでなく他の五感の情報も含まれる。

想像力を使って、馴染みのないものを慣れ親しんだものにすることで、コンフォートゾーンを広げることができます。私たちの無意識は、臨場感のあるリアリティが、実際に試したものなのか、想像力によってイメージしたものなのかを区別しません。そのカラクリを利用して、想像力を使って無意識に新たなリアリティを作る技術がビジュアライゼーションです。

ゴールの世界というのはまだ達成していないものなので、実際に試して慣れ親しんでおくことは難しいでしょう。そこで、想像力を駆使して、ゴールの世界にいる自分を何度も繰り返しイメージしておけば無意識にとってはそれが慣れ親しんだものになります。そうすると、そのイメージは無意識の新たなリアリティになります。その新たなリアリティが、慣れ親しんだ新たなコンフォートゾーンとなります。

ところが、目の前の現実はまだその状態になっていないので、今度は目の前の世界がコンフォートゾーンの外側になってしまいます。その目の前の現実世界は居心地が悪いので、無意識が行動を起こさせ目の前の世界をビジュアライゼーションで作った世界へと変えていきます。このようにビジュアライゼーションを使えば、既に想像によって慣れ親しんだゴールの世界に自然と向かっていくことができます。

フリックバック・フリックアップ（Flick Back & Flick Up）

過去の成功体験で味わった感覚を、未来のゴールにいる自分に投影すること。

　ゴール側のコンフォートゾーン（自己イメージ）の臨場感を高めるためには、単にその光景を映像化するだけでなく、感情を伴ってその状態を感じることが必要となります。しかし、未来はまだ実際に体験したことではないため、イメージした時に、感情が思うように乗らないということもあるでしょう。そういう場合には、過去の成功体験で感じた感情を借りてきて、未来のイメージに貼り付けることができます。

　まず、過去の成功体験をイメージして再体験します。その時の感情をしっかりと感じたら、その感情を維持したまま、今度は未来のゴールにいる自分や周囲の光景などをイメージしてみます。そうすることで、そのイメージに感情が貼り付きます。未来の映像に感情が乗れば、未来の情動記憶ができます。その未来の情動記憶が、今度は無意識のリアリティとなり、ハビット（無意識の行動）とアティテュード（無意識の判断）の新しい基準となります。

ブリーフ・システム（Belief System）

信念が集まってできあがった脳内の統合的なシステム。

　ブリーフ（信念）とは、脳内の前頭前野や大脳辺縁系に作りあげられた認識のパターンのことです。そのパターンは情動記憶が元となって作られます。強い情動記憶は、その人の信念を作り、認識のパターンを作り出します。その信念はあたかも自分自身の中で決まっているルールのように行動や判断を規定します。脳内にはそのような認識のパターンがたくさんできています。

住んでいる国や街やコミュニティーにも、それぞれの法律やルールがあって、それらが集まってシステムとなって働いているように、脳内にもたくさんのブリーフがルールとなってシステムが作り上げられます。それがブリーフ・システム（信念体系）です。

ブリーフ・システムは、私たちのあらゆる判断や行動、そしてアティテュードやバビットを制御します。ブリーフ・システムに反する判断や行動は取らないため、人生を変えたければ、このブリーフ・システムを変える必要があります。

ブリーフ・システムを変えるためには新たなゴールが必要です。その際のゴール設定のルールの1つが「現状の外側にゴールを設定する」ことです。つまり、現状（ステイタス・クオ）とは、いまのブリーフ・システムが変わらなければ起こり得る未来のことです。

ホメオスタシス（Homeostasis）

恒常性維持機能。生物体内の諸器官が、体内環境を一定に保つ状態およびその機能。

生体をより長く生きながらえさせるために、生体の安定的な状態を維持しようとする機能のことです。例えば、体温を一定の範囲に収めるために、暑ければ汗をかいたり、寒ければ身体を揺すって温めようとしたりするのもホメオスタシスによるものです。

人間は、脳の進化により、物理的な身体に対してだけでなく、臨場感のある情報に対してもホメオスタシスが働くようになりました。コンフォートゾーンを上回る結果が出ても、下回る結果が出ても、ホメオスタシスによりコンフォートゾーンに戻るように無意識が働きます。

ホメオスタシスを維持できるコンフォートゾーンは同時には1つだけです。複数のコンフォートゾーンがあった時、最も臨場感が高いコンフォートゾーンに対して、ホメオスタシスが働きます。

そのため、現状よりもゴール側のコンフォートゾーンの臨場感を高めることができれば、ホメオスタシスの機能を使って、自然とゴールの世界を実現していくことができます。

マ行

マインド（Mind）

「脳と心」のこと。

「脳」の情報処理現象のことを「心」といいます。そのため、物理的な脳と情報的な心とは表現する抽象度の違いであり、同じものに対して別の表現をしているに過ぎません。そのため、その2つを特に分けることなく「脳と心」両方を指す言葉としてマインドといいます。

私たちのあらゆる活動は、「マインド（脳と心）」を使って行っているので、いままでとは違う結果を手に入れたいとか、人生を変えたいと思ったら、「マインドの使い方」を変える必要があります。

パフォーマンスが高い人と低い人の違いは、「マインドの使い方」が上手なのか下手なのかの違いです。コーチングというのは、マインドの上手な使い方の技術のことをいいます。そして、マインドの上手な使い方を教えてくれる人をコーチといいます。

未来思考（Future-Oriented Mind）

未来を基準に思考すること。

時間が、未来から現在そして過去へと流れているという認識の中で、未来を基準に思考することです。未来を基準に考えるとは、すでに存在しているように未来を考えるということです。未来のことでも、現在形で語ります。

未来思考では、未来を「いま」に投影します。未来が既に達成したものとして、マインドの中で見るのです。そして現状を見てみるとまだ何も起きていません。問題発生です。自分の内側と外側が異なる認知的不協和が起きます。それが狙いです。

未来をすでに起きているものとして自分自身に語れば、秩序が壊れ、新しい秩序を作るためのエネルギーと創造性が発揮されます。そうすることによって自然とゴールへと向かうことができます。

一方で、過去を基準に考えることを「過去思考」といいます。過去を基準にゴールを設定すると、現状の延長線上の未来しか描くことができません。現状の外側にゴールを設定するには、二度とやってこない過去に縛られずに、これからやってくる未来を基準にする未来思考である必要があるのです。

未来の記憶（Future Memory）

ゴールを達成した時の自己イメージ。

未来の記憶を作るには、自分の過去の記憶を利用して、新しい記憶を合成して作ります。具体的には、公式「I×V＝R」を使って、ゴールを達成した時の自己イメージを、イマジネーションを使ってリハーサルします。ここで、リハーサルとは、慣れ親しむために繰り返し行う練習のことです。ゴールの世界の自分の姿を、ありありと何度もイメージすることによって、未来の記憶が作られます。

例えば、ゴールを達成した時には、どのような仕事をし、どのような人々と付き合い、どのような場所でどのような話をしているのか。もし、ゴールの世界で経営者になっていれば、会社や社員の様子はどうか、どんなモノやサービスを提供し、お客さまの反応はどうか、といったゴールの世界を細かく描いていくのです。

さらに、その時の、自分のハビット（無意識の行動）はどのようなものか、アティテュード（無意識の判断）はどのようになっているのかも思い浮かべます。そして、自分の過去の記憶の中にある感情を、先の未来のイメージに貼り付けます。

過去に経験した成功体験を思い出し、その時の感情を引き出して、その感情を味わいながら未来のイメージを心に描くのです。「フリックバック・フリックアップ」の技術です。そのイメージと感情を何度も繰り返すことによって、「未来の記憶＝未来の自己イメージ」が無意識の中に保存されます。すると、この新しい未来の自己イメージが、自動操縦装置のように働いて、自然にゴール達成へと自分を導いてくれます。

モチベーション（Motivation）

ゴールに達することで得られる報奨や報酬への期待、処罰への不安に基づくニーズや衝動。動機付け。

モチベーションには大きく分けて次の2種類があります。潜在能力を引き出すには、建設的動機付けに基づいて行動することが重要です。

①建設的動機付け（Constructive Motivation）

自分自身が価値をおいている対象に向かう「～したい（want to）」という望みに基づく行動の原動力。

②強制的動機付け（Coercive Motivation）

他者からの強制などにより「～しなければ（have to）」という恐怖に基づいた行動の原動力。必ずしも直接的な強制でなくても、間接的に強制力を感じているものに対しても働く。

ラ行

リアリティ（Reality）

その人にとって真実であると認識している全てのこと。

本人にとって臨場感がある世界がリアリティです。リアリティの定義も認知科学以前と認知科学以降では大きく変わりました。認知科学以前は、物理的な現実世界を指していました。しかしながら、目や耳などの感覚器で受信した情報は、感覚器を通した瞬間に一度情報処理がなされ、さらに脳で処理される過程でも情報が変わってしまいます。その変わってしまった情報も本人にとって臨場感があればその人にとっての真実となります。

そのため、認知科学以降は物理的な現実世界も仮想的な現実世界も脳にとっては差がないことがわかり、ホメオスタシスが働いている世界をリアリティというようになりました。

それでは、そのリアリティは、どこから来るのかというと過去の記憶によって形作られています。いままで経験してきた日常生活や仕事、各種メディアからの情報などを通じて得られた記憶です。私たちはリアリティに従って生きています。そのため、自分にとっての真実であるリアリティを変えなければ過去の繰り返しの人生を生きることになってしまいます。このリアリティを変える公式が「I×V＝R」です。

臨場感（Sense of Reality）

あたかもその場に身を置いているような感覚のこと。

人間の脳は、物理的な現実世界だけでなく、仮想的な現実世界に対しても、あたかもその場に身を置いているような感覚を持つことができます。そして、その感覚を感じている世界をリアリティと認識します。

そのリアリティを感じている世界に対して、ホメオスタシスを働かせます。小説や映画で、涙を流したり、ドキドキしたり、手に汗を握ったりするのは、その小説や映画の作り出す世界に強い臨場感を感じてホメオスタシスが働いたからです。

私たちはコンフォートゾーンに対して臨場感を感じ、ホメオスタシスを働かせます。そのため、現状のコンフォートゾーンよりもゴールの世界のコンフォートゾーンに強い臨場感を感じれば、脳はその世界をリアリティとして選択して、ゴールの世界に対してホメオスタシスを働かせます。そうなると、後はホメオスタシスによって自然とゴールに向かって進んでいくことができます。

アファメーションやビジュアライゼーションは、現状よりもゴールの世界のコンフォートゾーンの臨場感を高めるための技術です。

ロックオン&ロックアウトの原理（Lock-on & Lock-out Principle）

ひとつのものごとに注目すると、他のものごとが認識できなくなる作用。

何かに集中している時、それ以外のものが視界に入らなかったり、聞こえてこなかったりすることがあると思います。その何かに集中している状態をロックオンといいます。そして、それ以外の情報を知覚できなくなっている状態をロックアウトといいます。

何かにロックオンすることとは、何かを成し遂げるためには必要なことです。例えば、レポートを仕上げる時は、レポートを書くことに集中していなければ、レポートを仕上げることができません。しかしながら、多くの場合、ロックオンしている対象は、他人から受けた指示や他人にとって重要なものであることが大半です。そのような他人からの条件づけ（コンディショニング）がされると、私たちは他人に言われるままの狭い世界を生きることになります。

ロックオン&ロックアウトはマインドの機能ですので、それ自体が悪いことではなく、何にロックオンしているのか、どうしてそれにロックオンするようになったのかの方が重要です。ロックオンする対象は、自分で決めていくことが大切です。街を歩いていても、テレビを見ていても、新聞を見ていても、雑誌を眺めていても、そこには「ここにロックオンすると良いことがあるよ」という情報に溢れています。それに無自覚に従ってしまうと、私たちは他人の人生を生きるようになり、いつのまにか自分にとって本当に重要なものもわからなくなってしまいます。何にロックオンするのかは、自分が設定するゴールによってコントロールするのです。

ABC

Have-to-Goal

他者から直接・間接的に強制されて設定したゴール。

他者から与えられたゴールに従うと、自尊心が傷つけられ、創造的逃避が起きます。Have-to-Goalを設定する背景には、恐怖があります。「〇〇をしなければならない、さもないと△△という恐怖を与えられる」と感じているからHave-to-Goalを受け入れるのです。

例えば、「1億円の営業ノルマを達成しなければならない、さもなければ降格させられる（クビにされる、昇進の道が絶たれる）」などのような待ち受ける恐怖を避けるために他者から与えられたゴールを受け入れるのです。

恐怖に基づいて行動する時は、私たちは真に創造的になることはできません。常にネガティブなセルフトークをし続けることにもなり、自己評価の低い自己イメージを作り上げていくことにもなります。さらに、創造的逃避が起きてブレーキを掛けている状態のようになります。その状態で無理にゴールへ向かって進もうとアクセルを踏み続けると、アクセルとブレーキを同時に踏んでいるような状態になるため、どこかで故障する、つまり身体や精神に支障をきたすことに繋がります。

I×V=R（Imagination × Vividness = Reality）

無意識の中にリアリティができる公式。イマジネーション×鮮明さ＝リアリティ。

「I」は、イマジネーションです。視覚だけでなく、他の五感の情報も含まれます。

「V」は、鮮明さです。鮮明で感情も含めて臨場感を高く感じている状態です。
「R」は、無意識のリアリティです。

　明確なイメージを、感情を乗せて、何度も繰り返し思い描くことで、無意識の中に新しいリアリティが保存されます。

　公式「I×V＝R」は、ゴールの世界の自己イメージの臨場感が高まれば、それが現実になるということを意味しています。ゴールを達成するためには、まずはゴールの世界の自己イメージを作る必要があります。その自己イメージとは、ゴールの世界の私はこういう人間であるというものです。ゴールが達成された世界では、仕事は何をしていて、どのような家に暮らし、どのような車に乗り、どのような人たちと日ごろ一緒にいるのかというようなことです。これらを、一人称・現在形で、既にそうなっている姿をありありと何度もイメージしていくのです。

　ゴールの世界の自分を想像して、何度もイメージをしていくと、ゴール側のコンフォートゾーンの臨場感が高まってきます。つまり、コンフォートゾーンがゴール側に移行します。私たちは、コンフォートゾーンの中のものであれば、どんどん見えるようになっています。そのため、ゴール側にコンフォートゾーンが移行すれば、ゴールの世界そのものの情報も見えてくるようになります。

　このように公式「I×V＝R」を使って、まずは「ゴールの世界のコンフォートゾーン（自己イメージ）のリアリティ」を作り、次第にゴールそのもののリアリティができることで、現状の外側のゴール達成へ自身を導いていくことができます。

Want-to-Goal

自らがしたい、自らが選んだ、自らが好きだという基準で設定したゴール。

　ゴールは全てWant-to-Goalであることが重要です。ゴールは現状の外側かつ心から望むゴールである必要があります。個別具体的な「やりたいこと（want to）」や「やりたくないこと（have to）」も、設定したゴール次第で反対になることがあります。Want-to-Goalに従った行動や選択は、全て「やりたいこと（want to）」になります。

圧倒的に生産性を高めるには、ゴールはWant-to-Goalであることが必要です。設定するゴールが全てWant-to-Goalになれば、100%Want-toで生きていくことができます。

RAS（Reticular Activating System）

網様体賦活系。

脳の活性化ネットワークのことで、五感から入ってくる大量の情報の中から、どの情報を認識するかを決定するフィルターのようなものです。

私たちは目の前の世界が全て見えているように感じていますが、実際には人間が五感を通じて認識できている情報は非常に限定的なものです。それは、RASによって情報の取捨選択が無意識に行われているからです。

RASは自分にとって重要な情報だけを選択的に認識するように働きます。重要な情報とその他の情報をふるいにかけて認識させているのです。その結果、私たちの目の前の世界は脳が重要だと判断した情報のみで成り立っています。重要ではないと判断された情報は認識できずスコトマとなります。これがスコトマのできる理由です。

ゴールを設定することによって、自分にとって重要なものを変えることができ、RASを通す情報を変えることができます。現状からかけ離れた大きなゴールを設定することによって、知覚範囲が大きく広がり、いままで気づかなかった可能性やリソースに気づくことができます。

RASを有効に働かせるためには、自分の責任範囲だと認識していること（アカウンタビリティ）も必要となります。新たなゴールを設定しても、或いは誰かにゴールを与えられても、自分の責任の範囲外だと無意識に捉えているものに対してRASは有効に働かず、いままでのスコトマは、これからもスコトマのままになります。

私たちの新たな可能性は、常にいまは認識できていない範囲（スコトマ）に隠れています。新たなゴールを設定してRASに新しい重要なものを与えることが、目の前の世界を変え、新しい人生を手に入れるために必要なことなのです。

［著者プロフィール］

田島大輔（たじま・だいすけ）

プロフェッショナルコーチ。マインドの使い方の専門家。

東京都立大学大学院電気工学専攻修士課程修了。東京電力株式会社に14年間勤務後、リバティーコーチング株式会社を2011年に創業し、プロフェッショナルコーチとして独立。以降、個人と組織のパフォーマンスを最大化するマインドの専門家として多数のコーチングの実績を有する。

合同会社TPIジャパン 執行役員常務、合同会社苫米地インスティテュート 執行役員常務、一般社団法人コグニティブコーチング協会 副代表、など複数のコーチング企業の役員を務め、日本におけるコーチング普及を先導してきた他、実業家としても精力的に活動を展開。

コーチの育成にも力を入れ、最先端の認知科学を応用した苫米地式コーチング、40年以上の実績のあるパフォーマンス・エンハンスメント・コーチングの両マスターコーチとして、500人以上のコーチの養成を担当。

コーチングの創始者ルー・タイスの最後の直弟子として、ルー・タイスのレガシーを広めることを自らの使命とし、世界最高峰の能力開発プログラム「TPIE」「PX2」「TICE」コーチングの普及活動も精力的に行っている。

〈著書〉「組織が結果を出す」非常識でシンプルなしくみ（共著、開拓社）

［監修者プロフィール］

苫米地英人（とまべち・ひでと）

認知科学者（計算言語学・認知心理学・機能脳科学・離散数理科学・分析哲学）。

カーネギーメロン大学博士（Ph.D.）、同Cylabフェロー、ジョージメイソン大学C4I＆サイバー研究所客員教授、早稲田大学ナノ・ライフ創新研究機構未来イノベーション研究所研究院客員教授、公益社団法人日本ジャーナリスト協会代表理事、コグニティブリサーチラボ株式会社CEO兼基礎研究所長。

マサチューセッツ大学を経て上智大学外国語学部英語学科卒業後、三菱地所へ入社、財務担当者としてロックフェラーセンター買収等を経験、三菱地所在籍のままフルブライト全額給付特待生としてイェール大学大学院計算機科学博士課程に留学、人工知能の父と呼ばれるロジャー・シャンクに学ぶ。同認知科学研究所、同人工知能研究所を経て、コンピュータ科学と人工知能の世界最高峰カーネギーメロン大学大学院博士課程に転入。計算機科学部機械翻訳研究所（現 Language Technology Institute）等に在籍し、人工知能、自然言語処理、ニューラルネットワーク等を研究、全米で4人目、日本人として初の計算言語学の博士号を取得。帰国後、徳島大学助教授、ジャストシステム基礎研究所所長、同ピッツバーグ研究所取締役、通商産業省情報処理振興審議会専門委員などを歴任。また、晩年のルータイスの右腕として活動、ルータイスの指示により米国認知科学の研究成果を盛り込んだ最新の能力開発プログラム「TPIE」、「PX2」、「TICE」コーチングなどの開発を担当。その後、全世界での普及にルータイスと共に活動。現在もルータイスの遺言によりコーチング普及後継者として全世界で活動中。サヴォイア王家諸騎士団日本代表、聖マウリツィオ・ラザロ騎士団大十字騎士。近年では、サヴォイア王家によるジュニアナイト養成コーチングプログラムも開発。日本でも完全無償のボランティアプログラムとしてPX2と並行して普及活動中。

マインドの教科書

2021年1月24日　初版第1刷発行
2023年6月30日　初版第3刷発行

著　者　田島大輔
監　修　苫米地英人
編　集　中村カタブツ君
装　丁　坂本龍司（cyzo inc.）
発行人　揖斐　憲
発行所　株式会社開拓社
〒112-0013 東京都文京区音羽1-22-16
電話 03-5395-7101（代表）

印刷・製本　株式会社シナノパブリッシングプレス

ISBN 978-4-7589-7023-5